O ESTADO À LUZ DA HISTÓRIA, DA FILOSOFIA E DO DIREITO

Bibliotecária responsável: Maria Erilene de Alencar, CRB-8/ 9677

M343e

    Martins, Ives Gandra da Silva. O estado à luz da história, da filosofia e do direito / Ives Gandra da Silva Martins. – São Paulo : Noeses, 2015.

    Inclui bibliografia.
    166 p.
    ISBN: 978-85-8310-053-9

    1. Filosofia do direito. 2. História - Filosofia - Homem. 3. História - Filosofia - Religião. 4. História - Filosofia - Estado Laico. 5. Filosofia - evolução. I. Título.

CDU - 340.12

Ives Gandra da Silva Martins

O ESTADO À LUZ DA HISTÓRIA, DA FILOSOFIA E DO DIREITO

2015

Copyright 2015 By Editora Noeses
Fundador e Editor-chefe: Paulo de Barros Carvalho
Gerente de Produção Editorial: Rosangela Santos
Arte e Diagramação: Renato Castro
Designer de Capa: Aliá3 - Marcos Duarte
Revisão: Vanessa Faullame Andrade

TODOS OS DIREITOS RESERVADOS. Proibida a reprodução total ou parcial, por qualquer meio ou processo, especialmente por sistemas gráficos, microfílmicos, fotográficos, reprográficos, fonográficos, videográficos. Vedada a memorização e/ou a recuperação total ou parcial, bem como a inclusão de qualquer parte desta obra em qualquer sistema de processamento de dados. Essas proibições aplicam-se também às características gráficas da obra e à sua editoração. A violação dos direitos autorais é punível como crime (art. 184 e parágrafos, do Código Penal), com pena de prisão e multa, conjuntamente com busca e apreensão e indenizações diversas (arts. 101 a 110 da Lei 9.610, de 19.02.1998, Lei dos Direitos Autorais).

2015

Editora Noeses Ltda.
Tel/fax: 55 11 3666 6055
www.editoranoeses.com.br

SOBRE O AUTOR

Ives Gandra da Silva Martins

Professor Emérito das Universidades Mackenzie, UNIP, UNIFIEO, UNIFMU, do CIEE/O ESTADO DE SÃO PAULO, das Escolas de Comando e Estado-Maior do Exército – ECEME, Superior de Guerra – ESG e da Magistratura do Tribunal Regional Federal – 1ª Região; Professor Honorário das Universidades Austral (Argentina), San Martin de Porres (Peru) e Vasili Goldis (Romênia); Doutor Honoris Causa das Universidades de Craiova (Romênia) e da PUC/Paraná, e Catedrático da Universidade do Minho (Portugal); Presidente do Conselho Superior de Direito da FECOMERCIO-SP; Fundador e Presidente Honorário do Centro de Extensão Universitária-CEU/Instituto Internacional de Ciências Sociais – IICS; Membro das: 1) Academia Brasileira de Letras Jurídicas, 2) Academia Brasileira de Filosofia, 3) Academia Internacional de Direito e Economia, 4) Academia Paulista de Letras, 5) Academia Internacional de Cultura Portuguesa (Lisboa), 6) Academia Paulista de História, 7) Academia Paulista de Educação, 8) Academia Paulista de Letras Jurídicas e 9) Academia Paulista de Direito.

PREFÁCIO

Estado à luz da História, da Filosofia e do Direito é o ensaio que Ives Gandra da Silva Martins dá à edição, na sequência de sua tão significativa produção, de horizontes largos, expandindo-se, a partir do ser humano, na origem de sua existência social e a tudo que está posto a seu alcance. Na multiplicidade de seus aspectos, detém-se em considerações sobre o Estado, mas não se limita à perspectiva dos escritos tradicionais de Teoria Geral. Recolhe momentos de sua configuração histórica, de partes relevantes de sua fisionomia jurídica e, de modo particular, emite reflexões filosóficas sobre a morfologia estrutural e o sentido ético dessa entidade. O enfoque do Autor, porém, dista de ser mero tangenciar o assunto, porquanto insere, a cada passo, proposições que exprimem sua opinião pessoal e a ideologia de quem anuncia mas, sobretudo, realiza com coerência e determinação, uma pauta de condutas orientada por valores definidos e estáveis. É um traço, aliás, peculiarmente seu: envolver-se, entregando-se sempre com muita intensidade a todas as ações que pratica.

O título eleito por Ives mostra, desde logo, como pode ser valioso o encontro de perspectivas distintas convergindo para o que chamamos de Estado. Os cortes que nos permitem analisar essa figura com mais proximidade, por prismas diversos, salientando tópicos característicos, respondem tão só às necessidades de ordem epistemológica. São cisões feitas sobre um todo complexo, buscando a homogeneidade tão necessária ao aprofundamento cognoscitivo. Na verdade, os pontos de vista político e jurídico, em movimento de constante dialética, interatuam na realidade do acontecer histórico (Lourival Vilanova), fazendo com que o Estado apareça como síntese dessas interações, a contraparte de uma situação social e historicamente demarcada.

Com efeito, o trabalho que o leitor tem em mãos acentua a proposta maior de tomar a historicidade do direito pela lente poderosa da filosofia e parte da visão privilegiada de quem estudou e vivenciou – de perto - muitos dos mais significativos instantes da recente história nacional, encaminhando, com grande participação, as mais importantes questões jurídicas e econômicas do nosso tempo.

Na síntese e na brevidade de um prefácio, penso que a leitura do texto chama a atenção pela firmeza e autoridade daquele que profere seus enunciados com a força de jurista consagrado; de conferencista e professor emérito de várias instituições; de membro titular da Academia Brasileira de Filosofia e do Instituto Histórico e Geográfico do Estado de São Paulo; para lembrar apenas alguns dos títulos ligados ao tema deste livro e dizer que é justamente sobre esse suporte intelectual, associado a uma vida profissional conduzida com muito prestígio e respeito, que Ives está credenciado a manifestar-se em matéria nobilíssima como *O Estado à luz da História, da Filosofia e do Direito*. Não é comum transitar por essas regiões com tanta naturalidade e estabelecer relações conceituais seguras entre tais domínios!

A Editora Noeses tem, novamente, a satisfação de editar livro de sua autoria e eu, honrado, a alegria de prefaciar obra do prezado amigo e companheiro de tantos anos.

São Paulo, 16 de novembro de 2015

Paulo de Barros Carvalho
Professor Emérito e Titular da PUC-SP e da USP

SUMÁRIO

PREFÁCIO... VII

INTRODUÇÃO XI

CAPÍTULO I — A HISTÓRIA, A FILOSOFIA E O DIREITO... 01

1.1. A História, a Filosofia e o Homem 01

1.2. A História, a Filosofia e a Religião 06

1.3. A História, a Filosofia e o Estado laico 13

1.4. O Direito natural, o Estado e a História 20

1.5. Uma breve avaliação histórica e filosófica da evolução do Estado e do Direito 29

1.6. A interpretação da História, do Direito e da Filosofia .. 44

1.7. A importância da divisão dos poderes, à luz da Filosofia Política e da História 54

1.8. Democracia de acesso, democracia de controle e ditadura 66

1.9. Federação, sistemas unitários e Administração Pública 79

1.10. A economia e a questão social 89

1.11. A função da Lei Suprema... 102

1.12. A realidade de uma sociedade em crise................... 111

CAPÍTULO II — OS GRANDES DESAFIOS 119

2.1. Sete bilhões... 119

2.2. Meio Ambiente 120

2.3. A escassez de recursos naturais................................ 121

2.4. O conhecimento 123

2.5. A convivência de estilos... 124

2.6. O terrorismo 125

2.7. As drogas.. 127

2.8. A informática 127

2.9. Família 128

2.10. Valores 130

CAPÍTULO III — O ESTADO UNIVERSAL................ 133

REFERÊNCIAS BIBLIOGRÁFICAS............................ 141

INTRODUÇÃO

A conformação jurídica do Estado é fundamentalmente uma conformação histórica. E a história do Estado é a história da sociedade, a história da sociedade é a história do povo e a história do povo é a história da pessoa primitiva que viveu na primeira comunidade "estatal", ou seja, a família.

Tal "Estado natural" tinha seu direito definido, sem qualquer consciência de que havia regras jurídicas de convivência, pelo "pater familiae". E, no momento, em que as famílias passaram a crescer, em número, e formatarem suas primeiras aldeias, passou o Direito a ser definido ainda inconscientemente, por aqueles que demonstravam maiores habilidades para liderar a sobrevivência da tribo.[1]

---

1. Miguel Reale ensina: "O Direito é, por conseguinte, um fato ou fenômeno social, não existe senão na sociedade e não pode ser concebido fora dela. Uma das características da realidade jurídica é, como se vê, a sua socialidade, a sua qualidade de ser social.
Admitindo que as formas mais rudimentares e toscas de vida social já implicam um esboço de ordem jurídica, é necessário desde logo observar que durante milênios o homem viveu ou cumpriu o Direito, sem se propor o problema de seu significado lógico ou moral. É somente num estágio bem maduro da civilização que as regras jurídicas adquirem estrutura e valor próprios, independente das normas religiosas ou costumeiras e, por via de consequência, é só então que a humanidade passa a considerar o Direito como algo merecedor de estudos autônomos" (REALE, Miguel. *Lições preliminares de direito*. São Paulo: José Bushatsky, 1974. p. 2-3).

O ESTADO À LUZ DA HISTÓRIA, DA FILOSOFIA E DO DIREITO

A origem do Estado moderno é a origem da sobrevivência do homem perante três inimigos maiores do que ele mesmo, ou vale dizer, os animais selvagens dos quais se defendiam com armas rudimentares, o clima que permitia que apenas os fortes sobrevivessem e as doenças sem tratamento que levavam à morte, à época que a idade média populacional era de aproximadamente 20 anos, em face da enorme letalidade infantil.

À nitidez, à medida que as populações das primeiras famílias e primeiros povoados aumentaram, um quarto elemento apareceu, qual seja o próprio homem, passando, como mostrei no meu livro "Desenvolvimento Econômico e Segurança Nacional – Teoria do Limite Crítico",[2] prefaciado por Roberto Campos, a gerar um estado de guerra permanente.

Naquela obra, cuidei da guerra entre povos, mas, nas tribos primitivas, as lutas entre elas não desembocavam em acentuado conflito interno, pelas lideranças, algo pouco comum, num período em que a principal batalha humana era pela sobrevivência do grupo. Por isto, a tribo primitiva, temendo o inimigo desconhecido externo, defendia-se com todas as forças, lembrando Hanya Ito,[3] catedrático na década de 50 da Universidade de Sofia, no Japão, que o primeiro tributo conhecido foi o tributo "in natura" ou seja, o esforço que a aldeia ou a pequena comunidade fazia para conseguir alimentos pela caça e pela pesca ou pela colheita de produtos naturais, assim como construir paliçadas contra o inimigo vizinho, embora os maiores adversários fossem os animais e não as outras tribos.[4]

---

2. MARTINS, Ives Gandra da Silva. *Desenvolvimento econômico e segurança nacional:* teoria do limite crítico. São Paulo: José Bushatshky, 1971.

3. ITO, Hanya. *Essays in public finance.* Tóquio: Science Council of Japan, 1954.

4. "Diz Aliomar Baleeiro que 'as necessidades públicas foram, no estágio mais rudimentar da sociedade, as 'necessidades plurais', ou, enfim, aquelas que o homem não pode satisfazer sem o concurso do grupo. Esse coage o indivíduo, quando não logra arregimentá-lo pela persuasão' com o que aceita a teoria de Hanya Ito que chamou aos fenômenos financeiros de 'economia de aquisição compulsória"

A consolidação destas tribos terminou por fazer aparecer a luta pelo poder e a atitude de criar uma estrutura própria de governo capaz de opor-se ao inimigo externo, ao natural ou ao humano, conformando, pela primeira vez, o alicerce do Estado Moderno, que, a meu ver, começa quando as aldeias crescem, formam cidades, unem-se e constituem as primeiras "nações fáticas", embora inconsistentes.

O certo é que a busca de sobrevivência inicial das primeiras comunidades levou-as, por força da superior inteligência do homem, mesmo primitivo, a uma convivência mais harmônica, sem ainda a civilidade que a civilização foi conformando, nos moldes que os povos hoje admitem, mas com solidariedade mais pragmática, na qual a sobrevivência da pequena comunidade era o principal, quando não o único objetivo, sendo o enfoque principal, a busca de alimentos.[5]

Pretendo, neste breve escorço, cuidar de uma visão do Estado a partir das comunidades primitivas, procurando

---

(BALEEIRO, Aliomar. *Uma introdução à ciência das finanças*. Rio de Janeiro: Forense, 1969. p. 19).

5. GOWLETT, John. *Arqueologia das primeiras culturas*. A alvorada da humanidade. Coleção Grandes Civilizações do Passado. Barcelona: Ediciones Folio, 2007. p. 10-11: "A caça e a coleta constituíram uma boa adaptação a uma variedade de ambientes naturais. Foi a principal economia no curso da evolução humana, representando o único modo de existência durante, pelo menos, 99% do registro arqueológico de mais de 2 milhões de anos. Embora a caça e a coleta tenham sido substituídas pela agricultura na maior parte do mundo durante os últimos 10.000 anos, é, no entanto, a forma de vida que modelou a espécie humana. É perigoso generalizar sobre o passado a partir de qualquer sociedade caçadora e coletora, já que os meios de subsistência variam amplamente de um grupo a outro. Devemos recordar também que a maior parte dos poucos caçadores e coletores que sobreviveram até hoje estão confinados a ambientes marginais e que podem achar-se longe da típica corrente do passado.
Podemos, no entanto, extrair de sua forma de vida certos aspectos fundamentais que ajudem a explicar algumas características gerais de nossa espécie. Primeira e principalmente, os caçadores e coletores devem poder sobreviver com o que a terra lhes dá. Não se pode viver só dez meses por ano. Portanto, os caçadores e coletores existem com uma baixa densidade populacional, justamente a que a terra pode suportar. Sua estrutura social é organizada flexivelmente, de forma que permita a concentração e a dispersão nos momentos em que elas sejam necessárias para a exploração eficiente dos recursos alimentares".

mostrar que, muito embora o direito de convivência passasse a depender do exercício da liderança rudimentar, suas principais deficiências, nada obstante a evolução do Direito costumeiro para o Direito Constitucional, permaneceram as mesmas, por defeitos inerentes ao homem que almeja o poder. A verdadeira vitória do constitucionalismo e do Estado Moderno ocorreu na medida em que o homem colocou o sentido de pátria e de bem público, algo inexistente no passado, para que houvesse real evolução material e não apenas formal dos valores inerentes ao Estado. É esta uma entidade pelo cidadão criada para protegê-lo e auxiliar a melhoria de todas aquelas ações que têm a finalidade de promover seu crescimento.[6]

A ideia deste livro, entretanto, é mostrar que o Estado, representante da sociedade, continua mais um ideal teórico do que uma realidade e que os governos que o empalmam exteriorizam mais suas ambições pessoais do que aquelas da sociedade.[7]

Reitero, finalmente, que o constitucionalismo é o mecanismo jurídico criado para facilitar a vinculação do Direito, por meio de sua ordenação máxima, mais fenômeno social sujeito mais à vontade dos detentores do poder do que do povo, sendo os textos constitucionais modificados, conforme a maior ou menor vontade dos governantes, desde que tenham oposições menos ou mais fortes.[8]

---

6. Sahid Maluf assim definiu o Estado: "O Estado é uma organização destinada a manter, pela aplicação do Direito, as condições universais de ordem social. E o Direito é o conjunto das condições existenciais da sociedade, que ao Estado cumpre assegurar" (MALUF, Sahid. *Teoria geral do estado*. 21. ed. São Paulo: Saraiva, 1991. p. 1).

7. Helmut Kuhn, em "El Estado" (KUHN, Helmut. *El estado*. Madrid: Rialp, 1979), dizia ser o "Estado uma mera estrutura de poder".

8. Escrevi: "A sociedade evolui mais por méritos próprios, do que pela ação dos governos, que só colaboram para o progresso quando não lhe atrapalham muito. Os costumes políticos, porém, pouco evoluíram, e a natureza do homem faz daquele que deseja o poder sempre o mesmo. Busca conquistá-lo, como no passado, e, quando encontra o vácuo no poder, assume-o em benefício próprio e pelo prazer de comandar, de dominar. Vêm à lembrança os versos de Racine, quando coloca na palavra de Creonte, ao matar seus filhos, a afirmação de que o dom da paternidade é

É, pois, uma breve teoria pelo tema proposto, ou seja, mostrar que estamos ainda longe de um Estado para a sociedade, como instrumento de sua realização e não apenas dos detentores do poder, que o usam, em todos os espaços geográficos e períodos históricos, mais "pro domo sua", em benefício próprio, que da própria sociedade.

Tal conclusão é, todavia, uma posição exclusivamente pessoal de um operador de Direito cético da atuação do ser humano no poder.

Contra toda a espécie de desvios, corrupção, concussão, ideal que levará, de fato, séculos para ser conscientemente adotado, entendo que o Estado só será independente, em suas leis e Constituições, quando a sociedade for a beneficiária, os governantes virarem servidores dela e não de si mesmos e a estrutura burocrática for reduzida a sua expressão de eficiência e moralidade, assim como seus servidores prestarem vênia ao povo e não a correligionários e colegas do poder.

O Estado atual, no mundo inteiro, muito mais no Brasil, está mais a serviço de quem detém o poder do que do povo, por isto o livro dedicar-se-á mais a mostrar a luta dos que almejam mudar esta realidade, por intermédio da história.[9]

---

dado a todos os mortais, mas a poucos é dado o dom de reinar. Mandar, comandar, dominar. Para isto, tudo é válido, mesmo nas democracias modernas" (MARTINS, Ives Gandra da Silva. *Uma breve teoria do poder*. 2. ed. São Paulo: Editora Revista dos Tribunais, 2011. p. 196-197).

9. Disse em meu discurso de posse na Academia Paulista de História que: "Estou convencido de que a História é a mãe do futuro. Todos deveriam reverenciá-la, pois nas experiências passadas forjam-se os acontecimentos do porvir. Os estudos antecipatórios só existem, à luz da História. Cheguei a propor, no livro "O direito do Estado e o Estado de Direito", de 1977, que todos políticos, burocratas, juízes e militares estudassem História para aprenderem com o passado a não errar no futuro. A História é a luz dos tempos clareando as estradas do amanhã. Por esta razão, nesta Casa, em que se cultiva o amor a esta Ciência da Vida, entro com a certeza de que todos nós somos colecionadores do intemporal. Câmara Cascudo, por ter o hábito de admirar o crepúsculo, às margens do Potengi, se autodenominou um "Colecionador de Crepúsculos". Nós, nesta Casa, em verdade, à luz do tempo pretérito, somos, de rigor, "Colecionadores de Alvoradas" (MARTINS, Ives Gandra da Silva. *História, mãe do futuro: à luz do tempo pretérito, a formação do amanhã*. São Paulo: CIEE/APH, 2004. p. 39).

É, pois, mais um livro de história que esclarece a batalha de alguns poucos que buscam conformar a regra das regras do Estado moderno, apesar de ainda distante do ideal de um verdadeiro Estado representativo do povo, qual seja a de que os governantes devem tratar a sociedade como sua senhora e não como sua subordinada.[10]

---

10. Forrest McDonald lembra que: "*SORELY DIVIDED AS AMERICANS WERE IN regard to independence, the Patriots among them, at least in principle, were nearly unanimous in their understanding of what independence entailed. The short-range necessity was to win on the battlefield what they had proclaimed in the halls of Congress. The longer-term necessity, in the language of the Declaration, was to institute new Government, laying its Foundation on such Principles, and organizing its 'Powers in such Form, as to them shall seem most likely to effect their Safety and Happiness."
The latter task appeared, with some reason, to pose no difficulty. Almost to a man, Patriots were agreed that the proper ends of government were to protect people in their lives, liberty, and property and that these ends could best be obtained through a republican form", mas conclui: "*But it proved to be far less simple than they had anticipated*" (MCDONALD, Forrest. *Novus Ordo Seclorum – The intellectual Origins of the Constitution*. EUA: University Press of Kansas, 1985. p. 1).

CAPÍTULO I
A HISTÓRIA, A FILOSOFIA E O DIREITO

1.1 A História, a Filosofia e o Homem

Toda a evolução do Estado está vinculada à percepção histórica do homem desde sua origem. Esta é que vai relatando o passado e projetando o futuro.

Numa visão crítica, não se pode pretender que a história seja apenas uma percepção fotográfica dos acontecimentos que marcam a aventura do homem sobre a Terra, principalmente a partir daqueles que delimitam sua evolução, sendo para alguns apenas um narrar cronológico de fatos.[11]

Como Hegel sugeriu, em sua filosofia da história, os historiadores, com especial destaque para aqueles do século XIX e XX, conformaram seu estudo a partir da realidade própria de cada povo e de seus costumes, grande parte decorrente, no escoar do tempo, do clima, da região em que viviam e em que

---

11. Will Durant, na sua "História da Civilização", esclarece: "A civilização é ordem social promovendo a criação cultural. Compõe-se de quatro elementos: provisão econômica, organização política, tradições morais e acúmulo de conhecimentos e artes. Seu início se dá quando o caos e a insegurança chegam ao fim. Porque, logo que o medo é dominado, a curiosidade e a construtividade se veem livres, e por impulso natural o homem procura a compreensão e o embelezamento da vida" (DURANT, Will. *A história da civilização I. Nossa herança oriental*. 2. ed. Rio de Janeiro: Record, 1963. p. 1).

conseguiram sobreviver, com suas características de adaptação em face da maneira de ser de cada comunidade. Deram, portanto, esses historiadores, uma outra dimensão ao estudo da História. É a admirável aventura do Homem, esse ser, que dotado de razão e de consciência intelectiva e não apenas intuitiva, que foi transformando o mundo com suas grandezas e misérias, mas em patamares que parecem dar razão a Giambattista Vico: a humanidade avança e recua em espirais, sendo que a parte mais baixa da última espiral é mais alta que a parte mais baixa da especial anterior.

Há, pois, além da história cronológica (narrativa dos fatos), uma história sociológica (explicativa dos fatos, em todos seus aspectos, procurando buscar-lhes o sentido filosófico e sobrevivencial dos atos humanos) e uma história de costumes, em que a relevância dos eventos mais proeminentes perde importância, em face da necessidade de compreender-se o ambiente e a forma de vida de uma determinada comunidade.

Três autores podem, talvez, sintetizar essas três formas, a saber: Cesare Cantu, com sua monumental "História Universal" (história cronológica), Maurice Crouzet, com sua "História das civilizações" (história sociológica) e Fustel de Coulanges, com sua "Cidade antiga" (história dos costumes).

Ora, todos estes três aspectos da reflexão histórica são diretamente vinculados à percepção do direito que orienta a vida em sociedade. Direito e história marcham de forma conjunta, aquele regulando as relações entre os povos e esta trazendo elementos corporativos de experiências humanas vividas, em todas as suas dimensões.[12]

---

12. Mario da Gama Kury lembra que: "Herôdotos é chamado "pai da história" porque antes dele houve apenas logógrifos (literalmente "escritores em prosa", em contraste com os "escritores em verso"; estes eram não somente os poetas propriamente ditos mas também os filósofos, que até certa época usavam a forma poética). O nome de logógrifos refletia apenas a qualidade de prosador, enquanto o de historiador (históricos) tem um significado mais definido, pois história quer dizer originariamente "busca, investigação, pesquisa"; então o historiador, do ponto de vista etimológico, é uma pessoa que se informa por si mesma da verdade, que viaja, que interroga, em vez de limitar-se a transcrever dados à sua disposição e repetir

Por isto, o homem em sociedade, cujo Direito nasceu na primeira relação familiar da primeira família, faz com que eu, mais uma vez, evoque, como fiz em palestras e em escritos, o melhor exemplo literário para mostrar a dependência do homem ao Direito: a figura de Robinson Crusoé. Enquanto estava só numa ilha, não precisava de qualquer regra para estabelecer suas relações com as coisas, pois possuía todas. A regulação de sua ação como forma de administrá-las decorreu da chegada de Sexta-feira (nativo que veio para a ilha), quando passou a definir quem comandava, quem obedecia, o que se devia fazer e como usar os bens.

Em outras palavras, a chegada de Sexta-feira impôs uma regra inicial de conteúdo eminentemente jurídico, gerando formas de comportamento reguladas por quem detinha o poder (Robinson) sobre quem devia obedecer (Sexta-feira), conformando a "constituição elementar" daquela singela comunidade.[13]

---

genealogias, cronologias e lendas, ou compilar registros relativos à fundação de cidades, tudo com o intuito exclusivo de satisfazer a curiosidade ingênua de um público ainda pouco exigente, sem estabelecer a menor distinção entre acontecimentos reais ou relatos imaginários, entre fatos ou peripécias fantásticas" (HERÓDOTOS. *História*. 2. ed. Tradução de Mário da Gama Kury. Brasília: UnB, 1988. p. 8-9).

13. Escrevi: *"Es la regulación de su vida en sociedad que le permite al hombre, desde los tiempos primitivos, promover la convivencia de las individualidades autónomas e independientes con las necesidades de lo colectivo. De alli surge una regulación que produce las reglas de convivencia, desde los primeros tiempos percibidas y formuladas por los primeros filósofos, la luz de la experiencia histórica y de los modelos ideales, para que esta convivencia regulada fuera lo más justa posible. La práctica de los que tienen vocación para la politica, por lo tanto, no consiguen realizar ese proyecto, de tal manera que la regulación raramente es justa para todos, principalmente en lo que dice con respecto a las diferencias entre los individuos'.*
Existe, en la relación de convivencia, la luz de lo primordial de la ley y del Derecho, un conflicto permanente entre la "teoria de los valores", que debería modelar la regulación de la sociedad, y "la teoria de los hechos", en que la lucha por el poder define los caminos de los vencedores. Estos imponen su estilo y su forma de ser, en las reglas que produce, inclusive en las mejores democracias'.
Para entender la famosa formula sintética que caracteriza la relación "sociedad-Derecho", lo que es "ubi jus, ibi societas, ubi societas, ibi jus" el ejemplo sacado del consagrado romance de Robinson Crusoe, de Daniel Dafoe, es la mejor.
Como el hombre único no necesita del Derecho regulador, ya que es dueño de todo, sin

O ESTADO À LUZ DA HISTÓRIA, DA FILOSOFIA E DO DIREITO

À evidência, sobre as outras formas de vida organizada (formigas, símios, leões, lobos, galináceos etc.) não se pode imaginá-las reguladas pelo Direito por seguirem determinadas regras de convivência, como ocorre nas alcateias, com a rendição do lobo derrotado no comando atirando-se de pernas para o ar, para evitar ser morto por seu adversário mais forte; ou dos leões, em que o leão "chefe" delimita com a urina sua área de atuação, separando as fêmeas e suas crias das pertencentes a outros leões; ou dos poleiros das galinhas, em que as mais fortes ficam no alto e as mais fracas, por imposição das mais fortes, ficam na parte mais baixa.[14]

Todas estas regulações, sem conteúdo sociológico histórico, nem conteúdo normativo, não representam a existência de regras jurídicas em tais grupos animais, que por autodefesa e sobrevivência, repetem-nas, há milhões de anos, lembrando-se que as baratas sobreviveram à era dos dinossauros.

As regras humanas são definidas pela inteligência do homem, porém, mais do que isto, pela tomada de consciência da razão das coisas e de questioná-las procurando compreendê-las e apreendê-las. Ao contrário dos animais, cuja inteligência não permite indagações, o homem ainda não respondeu

---

obstáculos de terceras personas, en la isla que habita su personaje, no había necesidad de ninguna regulación.
En el momento en que "Viernes" llega a la isla, surge una regulación informal, creándose las reglas de convivencia entre los dos, lo que es, aquella que manda, aquella que obedece, el cómo dividir el uso de las cosas, que anteriormente era total dominio de Robinson, la manera de solucionar los posibles conflictos, con el prevalecer de las opiniones robisianas.
El Derecho, por lo tanto, sói ocurre en la sociedad, siendo necesario para que la convivencia de individualidades no genere el caos dentro de la comunidad, así ocurre desde los tiempos primitivos" (MARTINS, Ives Gandra da Silva. *Una breve introducción al derecho*. México: RM Adivisors Ediciones, 2011. p. 40-41).

14. O ramo da Ciência que cuida do comportamento animal é a etologia: "ETOLOGIA: Biol. Ramo da ecologia que trata especialmente dos diferentes tipos de comportamento, cuja designação E. provém de 'hábitos', 'costumes'. As reações etológicas aos diversos estímulos visuais, auditivos, químicos em contacto ou a distância (olfactivos), etc., são mecanismos da maior importância na vida animal" (Realce nosso) (VERBO. Enciclopédia Luso-Brasileira de Cultura. 18 v. Lisboa: Editorial Verbo, 1976. p.1713-1714).

– senão pela religião dos que têm fé –, questões fundamentais, ou seja, porque nascemos? De onde viemos? Para onde vamos? Quem criou o universo? Se a vida decorreu de geração espontânea etc. Tais indagações são aquelas feitas constantemente, pois a inteligência humana não é apenas intuitiva, mas consciente, e esta consciência – que, para os que acreditam em Deus, decorre da existência de uma alma criada por Ele – é que determina seu grande diferencial dos outros seres existentes.[15]

Ortega y Gasset define a diferença entre "razão" e "racionalismo", mostrando que a razão leva ao conhecimento dos fatos, e não, necessariamente, ao enquadramento, de forma sistemática, a regras definidas matematicamente para a convivência dos homens.

Gilberto Kujawski, em admirável síntese do pensamento de Ortega y Gasset sobre o tema, disse:

> a razão vital não é exata, mas é rigorosa. A razão física-matemática toma os fatos como ponto de partida. A razão vital não se contenta com os fatos, ela quer ver como se fez o fato.[16]

---

15. Antonio Royo Marin sobre a teologia moral ensina: *"ORDEN AL FIN SOBRENATURAL. Esto es, como acabamos de decir, lo que constituye el aspecto principal o razón de ser (objeto formal) de nuestra teologia moral. Dios mismo, bajo su propia razón de deidad, conocida por la divina revelación, es el objeto propia de toda la teología; pero la parte dogmática le estudia principalmente en Sí mismo y como principio de todo cuanto existe, y la parte moral le considera principalmente como último fim, al que nos encaminamos mediante los actos sobrenaturales. La teologia —toda ella- parte siempre de los principios revelados, que constituyen su matéria propia y tiene por objeto, precisamente, desentrailarlos con la razón natural iluminada por la fe, para arrancarles sus virtualidades teórico-prácticas. La parte dogmática se fija preferentemente en las verdades reveladas en cuanto constituyen el objeto de nuestra fe. La moral insiste sobre todo en el movimiento de la criatura racional hacia Dios a través principalmente de la virtud de la caridad. Por eso podría definirse brevísima y profundamente la teologia dogmática diciendo que es «el desarrollo o explicacidn de la fe»; y la teologia moral, diciendo que es «el desarrollo o explicación de la caridad». De donde se deduce, como corolario hermosísimo, que el acto moral por excelencia es el amor a Dios y al proijimo por Dios"* (MARIN, Antonio Royo Marin. *Teologia moral para seglares, I, Moral fundamental y especial*. Madrid: Biblioteca de Autores Cristianos, 1986. p. 4-5).

16. KUJAWSKI, Gilberto de Mello. *O sentido da vida*. Ribeirão Preto: Migalhas,

Por isto conclui: a razão vital é a própria vida funcionando como razão. E a vida humana é, constitutivamente, histórica.[17]

Por isso não é possível estudar a vida do homem em sociedade, do Direito que a regula, do Estado e dos governos que a representam, sem conhecer a razão histórica da existência do homem, com suas variantes e suas circunstâncias e a multiplicação referente de suas reações a partir deste diferencial que o constitui a partir de sua inteligência consciente e de sua alma para os que creem ou espírito para os que não creem, algo inexistente nas outras formas de vida.

1.2. A História, a Filosofia e a Religião

Um aspecto da Antropologia diz respeito a uma falsa concepção que opõe a história da criação do Universo, da Terra, do aparecimento da vida e do homem, a uma teoria evolucionista, em contraponto àquela definida pelos que entendem que o criacionismo é que comandou o surgimento das espécies.[18]

2014. p. 24.

17. Idem, p. 34.

18. Hannes Alfvén, ao falar sobre a origem do universo há 13 bilhões de anos, formula a seguinte teoria: "1) Em menos de meia hora depois da explosão, por meio de reações nucleares no interior desta matéria muito quente e muito densa, ter-se-iam formado os elementos químicos que agora conhecemos: 2) Ter-se-ia produzido muito rapidamente uma radiação térmica que teria arrefecido no decurso da expansão posterior e que, atualmente, poderia ser observada sob a forma de uma radiação como a que é emitida por um corpo negro cuja temperatura fosse de 50 K (a partir dos valores verificados, das distâncias galácticas, esta temperatura deveria ajustar-se, por baixo, a 20 K: devido a um determinado número de hipóteses 'ad hoc', pode, no entanto, reduzir-se mais): 3) Num estágio ulterior, a matéria em expansão ter-se-ia condensado para formar as galáxias que observamos atualmente; 4) A densidade média do universo deveria ser, pelo menos, de l0-29g /cm3 (este valor deveria ser corrigido em consequência da nova determinação das distâncias galácticas); 5) O estado de «ponto singular» pressupõe, necessariamente, uma criação divina (esta quinta conclusão raramente é apresentada de forma explícita!)" (ALFVÉN, Hannes. *Origem e evolução do universo*. Rio de Janeiro: Salvat Editora do Brasil, 1979. p. 19).

Um esclarecimento inicial faz-se necessário. Para a Igreja Católica, qualquer das duas teorias é perfeitamente aceitável, visto que o que caracteriza o aparecimento do homem, como criatura superior, é exatamente, seja pelo criacionismo ou pelo evolucionismo, o surgimento de uma espécie vital que passou a ter alma, inteligência cognitiva e evolutiva, capacidade de opção, liberdade de escolher e de dirigir a sua vida.

Não mais o instinto, mas a inteligência passou a ter o comando da existência, não havendo apenas uma reprodução atávica de gestos repetitivos de sobrevivência – inclusive em mutações morfológicas, como demonstrou o sacerdote Mendel, ao estudar as conformações genéticas nos diversos cruzamentos de flores e de insetos. É de se lembrar que, nas publicações dos seguidores do Padre Mendel, foi possível verificar que determinados tipos de insetos foram aperfeiçoando de geração em geração a coloração de suas asas, para se assemelharem às cores dos telhados das fábricas, acinzentados, em cidades como Liverpool e Manchester, a fim de confundir seus predadores.[19]

Há um momento na história da vida na Terra em que um ser é criado ou evolui, passando a ter um elemento a mais, que os cristãos entendem que foi o momento em que foi-lhe dada a alma e que os descrentes atribuem a uma evolução natural do fenômeno vida.

O certo, todavia, é que para os cristãos, seja numa ou noutra teoria, o que importa é o momento em que a alma é implantada na espécie humana, dando-lhe as características próprias de um ser diferenciado, capaz de escolher entre o

---

19. *"En la obra de M. se apoya toda la Genética actual, que es decir casi toda la Biología. Por ello, se hace figurar su nombre junto a los de Kepler, Copérnico, Newton, Darwin y otros que, como él, provocaron una transformación radical en las ciências de la Naturaleza. Se aunaban em M., al lado de este gran valor científico, las más altas cualidades humanas, que le hicieron amigo especialmente del pueblo. En su vida religiosa, quizá no predico el cristianismo, pero indudablemente lo practicó"* (GRAN ENCICLOPEDIA RIALP. t. I, VIII, XV, XIX. GER. Madrid: Ediciones Rialp, 1984. p. 531).

bem e o mal, algo impossível em outros seres que já nascem levados por seus instintos a agirem como agem.[20]

A linguagem metafórica do Gênesis – os orientais sempre gostaram de metáforas e de histórias, tendo o próprio Cristo ensinado por parábolas – demonstra que a palavra revelada sobre a origem do universo, escrita há milênios, só foi confirmada pelos cientistas no século XX, quando declararam que a origem do universo deu-se com o "Big Bang", expressão, de rigor, menos poética do que "Faça-se a luz" do Velho Testamento.

Os cientistas chegaram, com um atraso de milênios, à conclusão de que a luz daquela explosão inicial dera origem ao universo.

Mais do que isto, a ordem de criação do universo e da Terra, exposta no Gênesis de forma também metafórica, corresponde a ordem, descoberta apenas nos últimos séculos, pelos cientistas da origem, no século passado.[21]

---

20. O inconfidente Tomás Antonio Gonzaga, que preso com Tiradentes foi deportado para Moçambique, não é conhecido só por "Marília de Dirceu", mas por seu instigante "Tratado de Direito Natural". Lê-se na introdução do livro o seguinte: "Ainda que não haja uma só causa, de que não se deduza a existência de Deus, Epicuro, Espinoza e outros ímpios que se compreendem no genérico nome de "ateus", negaram detestavelmente esta incontrovertível verdade. Este erro é o mais nocivo à sociedade dos homens, pois os deixa despidos de qualquer obrigação, à semelhança dos brutos, a quem fez a natureza destituídos do discurso e da razão. Que coisa mais necessária para a honestidade da vida que o reconhecermos que há de haver um juiz a quem não engana o oculto, as ações torpes ofendem e as virtudes agradam? Seria o mundo um abismo de confusões e desordem, se, tirado o temor do castigo, só servisse de regra às ações do homem a sua própria vontade. Como pois a existência de Deus é a base principal de todo o Direito, será justo que a mostremos com razões físicas, metafísicas e morais" (GONZAGA, Tomás Antonio. *Tratado de direito natural*. São Paulo: Martins Fontes, 2004. p. 15).

21. ".... as trevas cobriam o abismo e o Espírito de Deus pairava sobre as águas. 3 Deus disse: "Faça-se a luz!" E a luz foi feita. 4 Deus viu que a luz era boa, e separou a luz das trevas" ."E assim se fez. 10 Deus chamou ao elemento árido TERRA, e ao ajuntamento das águas MAR. E Deus viu que isso era bom. 11 Deus disse: "Produza a terra plantas, ervas que contenham semente e árvores frutíferas que dêem fruto segundo a sua espécie e o fruto contenha a sua semente." E assim foi feito" (...) "Frutificai, disse ele, e multiplicai-vos, e enchei as águas do mar, e que as aves se multipliquem sobre a terra." 23 Sobreveio a tarde e depois a manhã: foi o

Mesmo na Terra, a própria criação dos seres viventes, narrada na Bíblia, corresponde ao que os cientistas, com seu atraso costumeiro, vieram depois a descobrir, sendo o homem o último elo da criação, aspecto sobre o qual nem os analfabetos hebreus de milênios atrás, nem os esclarecidos cientistas do século XX divergiram.

À evidência, a linguagem poética própria dos orientais tem que ser sopesada, devendo os sete dias de criação do Universo corresponder a de 13 a 15 bilhões de anos de existência do Universo. Cada dia corresponde a bilhões de anos, menos no período da criação do homem que, como "homo sapiens", deve ter, no máximo, 200.000 anos, muito embora haja sinais de que "homo erectus" tenha vivido há um milhão e quatrocentos mil anos.

Tal explicação histórica é fundamental para evitar preconceitos de lado a lado.

Não se precisa chegar ao radicalismo de um candidato à presidência dos Estados Unidos derrotado, que traduzia a Bíblia ao pé da letra. Em defesa das Escrituras, em ação promovida contra professor do interior americano, que nas escolas falava em evolucionismo, ao ponto de, por cálculos matemáticos, encontrar alguns milênios apenas na geração do Universo desde o "Fiat Lux" ou "Big Bang" (Clarence Darrow e William Jenning Bryan, no Tennessee, em 1925, foram os protagonistas do célebre caso).[22]

---

quinto dia. **24** Deus disse: "Produza a terra seres vivos segundo a sua espécie: animais domésticos, répteis e animais selvagens, segundo a sua espécie." (...) **26** Então Deus disse: "Façamos o homem à nossa imagem e semelhança. Que ele reine sobre os peixes do mar, sobre as aves dos céus, sobre os animais domésticos e sobre toda a terra, e sobre todos os répteis que se arrastem sobre a terra." **27** Deus criou o homem à sua imagem; criou-o à imagem de Deus, criou o homem e a mulher".

22. "A hipótese de Lemaitre foi desenvolvida pelo astrofísico G. Gamow e pelos seus colegas americanos Alpher, Smart e Fermi, entre outros, ao admitirem que o U. foi originado no "Ylem" onde as radiações inicialmente superavam a matéria; segundo esta esc. a expansão do U. processar-se-á continuamente: esta teoria é conhecida pelo nome de "Big-bang" (grande estrondo)" (VERBO. Enciclopédia Luso-Brasileira de Cultura. Op. cit., p. 499).

O ESTADO À LUZ DA HISTÓRIA, DA FILOSOFIA E DO DIREITO

Nem chegar à mesma interpretação literal dos agnósticos e ateus que, por preconceito religioso ou, em linguagem de meu amigo Gilmar Mendes, por "faniquitos anticlericais", negam qualquer possibilidade de se admitir a análise da verdade histórica, à luz de elementos que possam ter conotação religiosa.

O certo é que a história faz-se a partir da verdade dos fatos e não com o preconceito de intérpretes ideólogos ou autossuficientes. Os verdadeiros historiadores a examinam, sem qualquer preconceito nem opinião prévia, jamais buscando confirmar suas possíveis teorias, mas sim revelar a verdade dos fatos.[23]

E, quando a história da humanidade está ligada a um pensamento – e não poucas vezes mal colocado – de choque entre fiéis e infiéis, crentes e não crentes, percebe-se que a matéria que diz respeito ao Direito, ao Estado e a Religião são matérias que devem ser examinadas à luz da "realidade real" e não na defesa de teses acadêmicas.

Que a religião influenciou a conformação dos primeiros povos, das primeiras cidades, dos primeiros impérios, das primeiras repúblicas e continua influenciando até hoje, é fato que não se pode ignorar, sendo que a má percepção histórica de governantes e adeptos desta ou daquela religião, terminam sempre por definir caminhos tortuosos na história da humanidade.

---

23. "Sou um admirador das séries de "Startrek". As cinco edições refletem muito a história da humanidade. Os Borgs são um povo de humanos robotizados, os quais respondem a um comando central único, que pretende "assimilar" todos os povos do universo. Assimilar é fazer com que pensem rigorosamente como eles e obedeçam, como uma só unidade. Se não, são mortos. Os Borgs representam as ditaduras ideológicas, que não admitem contestação e que procuram dominar os povos, eliminando as oposições e as verdadeiras democracias. Se a 1ª. Guerra Mundial foi um embate pela realocação de poderes na Europa, a 2ª. guerra já foi uma guerra entre as democracias e os regimes totalitários (alemão, italiano e russo, visto que, no início, Stálin apoiou Hitler, na invasão à Polônia)." (OS BORGS E A COMISSÃO DA VERDADE, artigo publicado no jornal Folha de São Paulo – 28/01/2011).

Tenha-se por exemplo a tomada de poder por Akhenaton (Amenófis IV), com sua absoluta certeza de representar o Deus-Sol, num governo que durou 18 anos.[24]

É de se lembrar, ainda, as dinastias egípcias com os religiosos de Amon, e sua permanência por milênios com uma infinidade de deuses criados por eles mesmos, com todos os defeitos humanos. Hamurabi, na elaboração de seu Código preservado – não é o mais antigo –, nos primeiros textos, dedica-os à sua ascendência direta do colegiado de deuses sumerianos na Babilônia.[25]

Até mesmo os gregos, com todo seu fundamento filosófico, principalmente representado por sua trindade máxima,

---

24. *"Su acceso al trono se produce en un momento de crisis y reestructuración del Gobierno, debido fundamentalmente, en el aspecto ideológico, al concepto de Imperio universal que va surgiendo en Oriente en este momento. Hombre sensible y con marcada predilección por el aspecto religioso de la vida, Amenofis IV va a dar este matiz al concepto político de su Estado. Fragua un sincretismo religioso, que romperá con todas las tradiciones egipcias más puras, entrando en conflicto con la casta de los sacerdotes, celosos de defender sus intereses. Para A., la ides religiosa fundamental es Atón, dios único identificado con Ra, el dios-sol, que tiene como símbolo al astro rey con rayos radiales que terminan en manos humanas, simbolizando así la relación que dios desea con los hombres, al tenderles la mano (v. EGIPTO vir). Este ideal religioso se inspira básicamente en el principio de que lo real, lo que se ve, es verdad"* (GRAN ENCICLOPEDIA RIALP. t. I, GER. Madrid: Ediciones Rialp, 1984. p. 801).

25. "No Código de Hamurabi, dizia o Imperador que: *"(Yo soy) Hammurabi, el pastor, el elegido de Enlil; (soy) el que amontona opulencia y prosperidad; el que provee abundantemente toda suerte de cosas para Nippur-Duranki; (soy) el piadoso proveedor del Ekur; el poderoso rey que ha restaurado en su lugar Eridu; que ha purificado el culto del Eabzu.*
(Soy) el que tempestea en las cuatro regiones (del mundo); el que magnifica el nombre de Babilonia; el que contenta el corazón de Marduk, su señor; el que todos los días se halla (al servicio del) Esagila", continuando: *"(Soy) el rey supremo, el Sol de Babilonia, el que proyecta la luz sobre el país de Súmer y Akkad; el rey que se hace obedecer en las cuatro regiones (del mundo).*
Yo soy el favorito de Ninni. Cuando Marduk me hubo encargado de administrar justicia a las gentes y de enseñar al país el buen camino, (entonces) difundí en el lenguaje del país la ley y la justicia, (y de este modo) fomenté el bienestar de las gentes.
Por consiguiente (he decretado)" ("Código de Hammurabi, Federico Lara Peinado, Ed. Nacional, Madrid, 1982, p. 87/89), em clara demonstração de que se considerava representante dos deuses e nessa condição concederia leis "justas" a seus súditos, que representavam uma classe inferior à dos governantes" (MARTINS, Ives Gandra da Silva. *Uma teoria do tributo*. São Paulo: Quartier Latin, 2005. p. 114).

não impediram que Sócrates fosse levado à condenação, por presumido atentado contra as leis dos cidadãos e de seus deuses (Apologia), em acusação que os próprios julgadores consideraram injusta, ao ponto de sugerirem que fugisse, o que Sócrates não aceitou (Crito).[26]

Nesta linha, não há de se esquecer a invasão da Espanha, em 711, pelos mouros que objetivou a eliminação dos "infiéis" e a conquista de um continente para os seguidores de Maomé, da mesma forma que as Cruzadas intentaram reconquistar para os cristãos Jerusalém. As duas invasões – apenas a primeira Cruzada foi bem sucedida – tiveram conotação mais religiosa que econômica.[27]

Em uma Europa que saía do feudalismo, mas ainda dividida, Henrique VIII muda a religião oficial da Inglaterra para o anglicanismo, algo que permanece até hoje, para atender seus insaciáveis desejos de alcova, tornando-se, de rigor, o pontífice indireto da nova religião criada. Não poupou, todavia, Ana Boleña do sacrifício.[28]

Até hoje o Estado Islâmico e os movimentos muçulmanos aterrorizam o mundo com atentados sangrentos, alimentando a ideia de uma vida esplendorosa após a morte. Leva, assim, os próprios terroristas a sacrificarem suas vidas, numa demonstração de que não é possível estudar o Direito e o Estado, sem conhecer a influência decisiva, no homem e na sociedade, da

---

26. Escrevi: "Em Crito, o filósofo não acata as sugestões de fuga que os discípulos lhe propõem e que os julgadores tolerariam, com um argumento imbatível: que pensariam seus discípulos, que sempre o tinham ouvido falar no respeito à lei da cidade, vendo-o não respeitá-la, fugindo ao seu cumprimento, ou seja, à pena de morte? Para dar o exemplo a seus discípulos e a todos os que sofressem perseguições futuras, declara aceitar a morte que, como termina por concluir, em Fedon, é o que mais o ser humano deve desejar, pois é a libertação da prisão corporal para a eternidade" (Em busca de uma ordem social justa, discurso de posse na Acad. Bras. de Filosofia, Ed. CIEE, 2008, p. 34-35).

27. Leia-se Daniel Ropps "História da Igreja" (ROPPS, Daniel. *História da Igreja*. No tempo das Cruzadas e das catedrais. v. 3. São Paulo: Quadrante.

28. Thomas More foi decapitado por não querer se declarar favorável ao casamento contrário às leis das Igreja. É o autor de "Utopia".

religião. Conhecer os fatos, dizia Roberto Campos em prefácio para livro meu, é a melhor forma de evitar-se a fatalidade.[29]

Não sem razão, em obra muito citada e pouco lida, a encíclica "Fides et Ratio", Bento XVI mostrou que, quando se estuda a religião e a Ciência, a vida da sociedade e dos homens, sem preconceitos e com o verdadeiro espírito de investigação histórica, o aparente conflito que materialistas procuram criar, deixa de existir, havendo, pois, a necessidade de um exame desta realidade e assim como da verdadeira interligação que ciência e religião tiveram e incutiram na formação da sociedade, do Direito e do homem.

Cabe ao historiador do homem em sociedade e do Estado perceber, em sua formação, o que constitui a realidade pesquisada e, realmente, de que maneira haverá ou não, em perspectiva de estudos antecipatórios – aí sim, formulando teorias próprias e não apenas relatando fatos investigados – possibilidade de termos um Direito garantidor de liberdades e de um Estado, prestador de serviços necessários e essenciais ao homem.

1.3. A História, a Filosofia e o Estado laico

Até o presente, tenho procurado mostrar que, na conformação do Estado, a partir da natureza humana, que leva o homem a viver em grupos ou em sociedade, a religião, desde os primeiros tempos, foi elemento conformador dos princípios estruturais do poder para domínio dos povos, conforme mostra a "razão histórica", na visão de Ortega y Gasset,[30] e não na

---

29. "O livro de Ives Martins é uma contribuição útil ao debate desses problemas, que devem ser discutidos com coragem para enfrentar tabus, objetividade para evitar preconceitos e serenidade para interpretar os fatos. Pois que a boa regra de planejamento é sempre 'aceitar os fatos, para resistir à fatalidade'" (prefácio de *"Desenvolvimento econômico e segurança nacional: teoria do limite crítico.* São Paulo: José Bushatshky, 1971". p. XV).

30. Ives Gandra Filho escreveu sobre Ortega e Gasset: "Catedrático de Filosofia na Universidade de Madri, é representante do vitalismo: na Idade Média, o homem

O ESTADO À LUZ DA HISTÓRIA, DA FILOSOFIA E DO DIREITO

visão idealística de Hegel, sendo a história, de um lado, detentora dos fatos ocorridos e, de outro, alicerce para a ocorrência dos fatos futuros. À evidência, isto apenas ocorre, quando os fatos futuros têm sua formatação a luz dos fatos passados, como se verificou, durante milênios, por exemplo, com a civilização egípcia.

Esta percepção, com a evolução dos estudos históricos e suas reflexões filosóficas sobre o homem no poder, em todas as civilizações passadas e atuais, embora limitada, mostra evidente influência na evolução de uma teoria do poder, com a própria dinâmica dos que o exerceram. Quem o exerce procura, muitas vezes, com estilo próprio, libertar-se das "camisas de força" anteriores, apesar de envernizar tal liberdade com estruturas jurídicas, novas ou aparentemente antigas, que legitimem o próprio exercício do poder à luz da legalidade e não, da força.[31]

---

tinha fé em Deus, substituída no Renascimento e no Iluminismo pela fé na Razão. Como ambas fracassaram, agora seria a fé na Vida que move o homem (MARTINS FILHO, Ives Gandra. *A rebelião das massas*. História como sistema, 1940).

Homem – não teria natureza, mas apenas história. Ele se faz vivendo ("Eu sou eu mais as minhas circunstâncias"). Segue na linha relativista da escola" (MARTINS FILHO, Ives Gandra. *Manual esquemático de história da filosofia*. São Paulo: LTR, 1997. p. 285).

31. Hegel, no seu estilo crítico e, aparentemente contraditório, escreve, na "Introdução à história da Filosofia", o que se segue: "A quem pretenda tratar a história da filosofia impõe-se imediatamente uma observação preliminar: embora ela ofereça sumo interesse quando o seu objeto for considerado de modo condigno com a sua dignidade, no entanto nunca perde o interesse, mesmo quando a sua finalidade seja compreendida às avessas. Pode até afigurar-se que este interesse aumente em importância na medida em que a concepção da filosofia se torna mais errada, devido à contribuição da história da filosofia, visto que da história da filosofia se tira a prova principal da nulidade desta ciência.

Deve-se admitir incontestavelmente que uma história, seja qual for o seu objeto, conte os fatos sem intenção de que prevaleça um interesse ou fim particular. Mas com a banalidade de semelhante exigência pouco se adiantará, visto que a história dum assunto está intimamente conexa com a concepção que dela se faça. Por essa concepção se determina o que se reputa importante e correspondente ao fim, e a relação entre os estados intermédios e o fim implica uma seleção dos fatos que se devem mencionar, uma maneira de os compreender e o critério que os há de ajuizar. Assim, por exemplo, pode acontecer que um leitor, tendo formado uma concepção acerca do que é verdadeiramente um Estado, não consiga descortiná-la verificada na história política dum país. Casos idênticos dão-se, e em maior número, na

Sobre o tema, falarei mais adiante. No momento, pretendo, pela perspectiva da religião, abrir um parêntese para discutir conceito que tem sido deturpado por aqueles que, não acreditando em Deus, querem desqualificar todos os que acreditam, pretendendo tirar-lhes direitos políticos, sob a alegação de que o Estado é laico.

É importante lembrar que a ideia de laicidade decorre do que deveria ter sido natural na formatação do Estado moderno, ou seja, de que o poder religioso não se confunde com o poder político.

O poder religioso cuida das relações do homem com Deus e o poder civil, das relações dos homens entre si em sociedade ou nas sociedades organizadas em Estado. São dois poderes diferentes, com áreas de atuação diferentes. No exercício da cidadania, todavia, tanto os que acreditam em Deus, como os que não acreditam têm o direito de atuar.

O poder laico não é um poder ateu, nem agnóstico. No seu âmbito, não se coloca a influência do poder religioso sobre as estruturas laicas, pois poderes diferentes. Na política, não se exclui a atuação dos que tenham convicção religiosa.[32]

Em outras palavras, numa autêntica democracia, tanto os que creem, que são a maioria, quanto os que não creem, que são a minoria, têm idênticos direitos, podendo atuar como

---

história da filosofia; e podem citar-se exposições desta história, nas quais se encontra tudo menos aquilo que entendemos por filosofia" (WILHELM, Georg; HEGEL, Friedrich. A fenomenologia do espírito, Estética a ideia e o ideal, estética o belo artístico e o ideal, introdução à história da filosofia. Livro em Português (Brasil). Coleção: Os pensadores XXX. São Paulo: Editora Abril Cultural, 1974. p. 325).

32. Escrevi: "O Estado-laico não é, portanto, um Estado Ateu. É um Estado em que as duas instituições convivem, trabalhando em campos diferentes, mas todos os cidadãos que têm crença possuem o mesmo direito de expressar suas opiniões que os ateus e os agnósticos. Em uma democracia, com o respeito ao direito da minoria, deve prevalecer a vontade da maioria, como ocorreu na lei suprema.
Ora, por defender a Igreja – e falo no sentido amplo das tradicionais religiões – valores, dignidade, ética, moralidade, bons costumes, próprios do direito natural, seus seguidores terminam por valorizar a democracia" (MARTINS, Ives Gandra da Silva. *Liberdade religiosa e economia*. Revista Consulex, n. 418, ano XVIII. p. 33).

desejarem, de acordo com suas crenças, apenas exercendo, quanto ao Poder Político, os seus direitos de cidadania. Têm, os crentes, voz ativa, assim como os não crentes, e podem expor e lutar por suas convicções, principalmente no que diz respeito a "direitos humanos" e "individuais", conforme os padrões morais da religião que professam, os quais a história tem demonstrado serem superiores aos daqueles que, não acreditando em nada, senão na própria existência e na moral pessoal por cada um formatada.

Estes, tendem a ser mais relaxados, condescendentes em relação a tais princípios. Não sem razão, no clássico "Irmãos Karamazov", o personagem Ivan, que não respeitava Deus, declarou: "Se Deus não existir, tudo será permitido!"[33]

É que, na maioria das religiões universais que respeitam a autonomia da vontade – que foi por Deus em primeiro lugar respeitada, ao permitir que Sua criatura O negasse – os valores morais têm proeminência, o que é menos comum entre os ateus e agnósticos, embora tais valores possam ser professados também por eles. É que, a inexistência de qualquer liame com a responsabilidade nos que vivem a vida para si e consideram a morte o fim de tudo, pode acabar tornando os valores morais relativos, apesar de, para muitos dos que acreditam em Deus, isso também aconteça, sempre que se apegam às conquista materiais, intelectuais ou de poder que adquiriram.[34]

Tal percepção tem demonstrado, todavia, que, no exercício da cidadania, são os que acreditam que terminam por defender teses mais condizentes com a dignidade humana do que os ateus e agnósticos, que mais se aproximam da

---

[33]. No romance, entre os irmãos, um deles é religioso, o outro aproveitador da vida, além de pai um libertino.

[34]. Contam os cronistas da época, que já velho, um de seus empregados, viu o Cardeal Richelieu acariciando suas alfaias e dizendo: "Ah se pudesse!!!", isto é, lamentando não pode levar para outra vida os bens desta.

personagem dostoievskiana.

O Estado laico, todavia, nasceu em decorrência do abuso dos governos daqueles Estados em que o poder era exercido sob a aparente proteção da religião. Os maiores abusos foram praticados pelos detentores do poder, colocando a religião como um escudo a justificar suas pretensões, e não como uma forma de atuar conforme o bem da comunidade que representariam. E, à evidência, com o iluminismo na França, contra as monarquias absolutas, a ideia propagou-se com os excessos naturais, tal qual ocorreu na Revolução Francesa, em que a deusa "Razão", criada por Robespierre, levou o país ao maior banho de sangue de sua história (1792/1794).[35]

A separação, portanto, entre poder religião e poder político foi uma decorrência natural – e a meu ver necessária – do exercício da democracia, mas, no exercício da cidadania, tanto podem exercer o poder político os que acreditam, como os que não acreditam em Deus.

As pessoas vinculadas a uma religião, da mesma forma que os ateus, agnósticos ou indiferentes, têm o mesmo e rigorosamente igual direito ao exercício da política, lembrando-se que quando Garibaldi conquistou os Estados Pontifícios, condenando Pio IX a ficar ilhado no Vaticano, mais claramente ficou realçado o papel da Igreja. A partir daí, só tivemos Papas Santos e seu papel pastoral, com as mais importantes encíclicas sobre a revolução social, foram então elaboradas. A

---

35. René Sédillot escreveu sobre a Revolução Francesa: "*Il faut croire que la Terreur n'est pas littérairement payante, pas plus qu'elle ne l'est politiquement. Le mythe des grands ancêtres, au fil des années, perd de sa crédibilité. Les Français commencent à déceler la réalité des hommes et des faits, derrière les images complaisantes de l'histoire officielle : ils apprennent que les premiers héros de la Révolution — Mirabeau, Talleyrand, Danton... — faisaient monnayer leur influence ; que Robespierre ne passait pour incorruptible que parce qu'il contrastait avec ses partenaires corrompus; que la France, première puissance du monde en 1789, ne sera plus jamais telle après l'épreuve révolutionnaire ; que le chapitre de la Terreur est plus sanglant que glorieux ; et qu'il a inspiré d'autres Terreurs, encore plus tragiques, dont se déshonore l'Histoire du monde*" (RENÉ, Sédillot. Le coût de la Terreur, Vérités et Legendes. Paris: Perrin, 1990. p. 284).

Leão XIII, mais do que a Marx e às Constituições mexicana e de Weimar, se deve a grande revolução social do fim do século XIX, com a famosa Encíclica "Rerum Novarum". A ela se sucederam muitas outras pelos pontífices romanos, inclusive pelos três últimos (João Paulo II, Bento XVI e Francisco).[36]

São poderes diferentes, que atuam sobre a mesma população –menos no caso do poder religioso, e mais no poder político – mas que não retiram de cada cidadão, crente ou não, o exercício do mais amplo direito à cidadania.

Nada mais pobre, todavia, na visão redutora do papel do Estado, do que pretender fazer com o que o poder laico exclua qualquer ideia defendida por aqueles que acreditam em Deus, que são a maioria, e admitir apenas aquelas defendidas por ateus e agnósticos, com o que o direito de definir os direitos políticos do Estado acabaria em mãos da minoria privilegiada dos que não têm qualquer credo. Nem a democracia ateniense seria tão elitista.

A história já demonstrou o banho de sangue que uma concepção destas acarretou nos Estados, que, por se dizerem laicos, condenaram todos os que acreditavam em Deus. A União Soviética de Stalin é, talvez, aquela em que uma concepção laica do poder provocou número de mortes mais elevado que o terrível holocausto nazista ou as diversas depurações étnicas africanas, assim como dos regimes menores asiáticos, a exemplo do Camboja ou Miamar.[37]

---

36. Entre as Encíclicas de caráter social, Pio XI lança a "Quadragésimo Ano" para reiterar a missão social da Igreja. As Encíclicas de caráter social, foram: *"Sin embargo, Juan XXIII, en la Mater et Magistra añade "... a todos los sacerdotes y fieles del orbe católico". Este mismo Pontífice en la 'Pacem in terris' y Paulo VI en la 'Populorum progresso' abren los horizontes de su 'hombres de buena voluntad'"* (Gran Enciclopédia Rialp, tomo VIII, Ediciones Rialp, Madrid, 1984, p. 591).

37. Sobre Stálin leia-se: *"Originally trained for the priesthood, Stalin joined an underground Georgian revolutionary organization in 1900 and the Bolshevik faction of the Russian Social Democrats in 1903. A relatively minor figure in the party before the Bolshevik revolution, he served as commissar for nationalities (1917-23) and for state control (1919-23) in the Soviet government; in 1922 he also became secretary-general of the party's central committee, a post which later provided the power base for his*

A história, que é a grande mãe da verdade, pois narra o acontecido e, como numa partida de xadrez, não esconde qualquer aspecto da realidade, pois tudo está à mostra, tem demonstrado que, apesar de abusos perpetrados em Estados teocráticos, – e falo do radicalismo de uma minoria islâmica, não da maioria dos que acreditam em Maomé – nos Estados laicos, que não respeitam os direitos de todos os cidadãos, os crimes maiores têm ocorrido nas ditaduras que sufocam a religião, como a stalinista. Tampouco é possível esquecer as milhares de vidas tiradas, sem qualquer julgamento, em fuzilamentos nos paredões, pelo sanguinário tirano Fidel Castro, na mais longeva ditadura da América, que é aquela de Cuba. As ditaduras laicas geram mais hecatombes que qualquer Estado "radical" religioso.[38]

O certo é que o Estado laico não é um Estado ateu. Nele, apenas o poder religioso e o poder político estão separados, mas todo cidadão, crente ou não, tem os mesmos direitos políticos de procurar auxiliar os governos e as estruturas estatais, com seu trabalho e suas convicções.

Por fim, é de se lembrar que a Constituição brasileira foi promulgada sob a proteção de Deus, embora conserve minhas dúvidas se Deus estaria de acordo com tudo o que lá escrito está.

Seu preâmbulo tem a seguinte dicção:

---

dictatorship.
After Lenin died (1924), Stalin successfully overcame his rivals in the party power struggles and became the dominant figure in Soviet politics. In 1928 he launched an intensive industrialization program that forced collectivization of agriculture and massive, often brutal social reorganization. During the 1930s he also supervised the purges of the Communist Party" (Encyclopaedia Britannica. 30 vs. Chicago: The Great Books, 1980. p. 517).

38. Calcula-se que, em torno de 17 mil pessoas, foram fuziladas no início da Revolução em "paredões", sem direito à defesa, portanto, mais do que os 3.000 mortos no Governo de Pinochet.

> Nós, representantes do povo brasileiro, reunidos em Assembléia Nacional Constituinte para instituir um Estado Democrático, destinado a assegurar o exercício dos direitos sociais e individuais, a liberdade, a segurança, o bem-estar, o desenvolvimento, a igualdade e a justiça como valores supremos de uma sociedade fraterna, pluralista e sem preconceitos, fundada na harmonia social e comprometida, na ordem interna e internacional, com a solução pacífica das controvérsias, promulgamos, sob a proteção de Deus, a seguinte CONSTITUIÇÃO DA REPÚBLICA FEDERATIVA DO BRASIL.

1.4. O Direito natural, o Estado e a História

Volto ao homem, que a história demonstra não poder viver senão em sociedade. A denominada "razão histórica", que faz da história uma investigadora da verdade, não a torna uma ciência fotográfica apenas. É uma ciência que estuda as motivações, os fatores que levaram a ação do homem, em seu delimitado espaço geográfico ou período histórico, a criar sua comunidade.

Era elementar, no início, em que a estrutura social criada (organização) não prescindia da figura daquele que assumia sua condução e que era seguido, por convicção dos que o acompanhavam ou por temor de sanção. Cabe aos historiadores não apenas fotografar o ocorrido, mas estudar as razões e os elementos que influenciaram aquela realidade.[39]

---

39. Embora seja mais poético o que escrevi sobre a Academia Paulista de História, a que pertenço, transcrevo o poema dedicado a confrades e confreiras, por representar o que sinto pela História: "**ACADEMIA PAULISTA DE HISTÓRIA**. -I- Academia de História, Academia Paulista. Desta gente cuja glória. Tem a bandeira com lista. -II-Minha nobre Academia. Com seus quarenta lugares, Do passado faz a via. A renovar nossos lares. -III- Nós descobrimos no antanho. A verdade para os povos, Alargando seu tamanho. Com estudos sempre novos. -IV- Quanta experiência guardada. A iluminar nossa gente! Subimos da Ciência a escada, Neste passo diferente. -V- Somos quarenta confrades, Confreiras da mesma raça, A raça que nas idades. Encontra o que nunca passa. -VI- Não passa esta busca eterna. Que a história bem descortina. É sempre viva e moderna, Tendo o passado na esquina. -VII- Minha nobre Academia. De quarenta sacerdotes, Que tentam, no dia a dia, Doar a todos seus dotes. -VIII- Quantos passaram por ti, Quantos virão no futuro. Todos aqueles, que eu vi, Tornam claro o que era escuro. -IX- Academia qu'é vista, Do pretérito do

É uma ciência investigativa, por excelência, que se confunde com a percepção de fenômeno jurídico, o qual termina por dar a forma convivencial de um determinado grupo ou grupos, no tempo e no espaço.

E, neste ponto, mister se faz examinar o Direito que conforma a vida da sociedade, desde o início, com a clara divisão entre direitos inerentes ao ser humano, que com eles nasce, não cabendo ao Estado criar, muito embora possa distingui-los, por períodos, e aquele direito que uma sociedade ou um líder conforma, como direito positivo obrigatório, tendo o poder sancionatório com relação aos que vivem debaixo de sua alçada.

Muitos juristas negam a existência do direito natural, sob a alegação de que deve ser examinado à luz da filosofia, de um dever ser, de uma história da evolução de princípios, mas não, como o direito positivo imposto a uma comunidade, tenha ou não formato de um verdadeiro Estado.[40]

---

tempo. Da brava gente paulista. Descobre seu nobre intento. -X- Desde as bandeiras de outrora. Ao grito de liberdade. Que em trinta e dois fez história, História qu'igual não há-de. -XI- Em verso que mal se assenta, Eis meu canto de alegria, Meu canto para os quarenta, Quarenta da Academia. Jaguariúna, 13/07/2011" (MARTINS, Ives Gandra da Silva. *Poesia completa*. São Luís: Resistência Cultural, 2014. p. 745).

40. Walter Moraes ensina: "Os preceitos da lei natural são originários ou derivados, necessários ou contingentes. Os originários nascem diretamente da natureza humana; os derivados são ditados pela razão em face de uma situação criada pelo homem. O direito ao casamento é originário. Também o de ter filhos. O de escolher cônjuge é derivado. Preceitos necessários são os determinados incondicionalmente pela natureza humana.
Contingentes são os que contam permissões, possibilidades. Não deixam de ser naturais; não são convencionais, porque tais permissões atendem a aptidões rigorosamente conaturais ao homem. A possibilidade, para o proprietário, de ocupar os bens do subsolo, é um preceito natural contingente. Característico dos preceitos contingentes é comportarem eles regulamentação positiva.
A lei natural é, enfim, universal. Porque a estrutura psicomoral do ser humano é universal e não sujeita aos influxos da historicidade. E pela mesma razão, é imutável. Não se trata, de resto, de uma limitação da liberdade, senão, precisamente, da dimensão da liberdade" (MARTINS, Ives Gandra da Silva; BASTOS, Celso. *Caderno de Direito Natural nº 1*. Belém/PA: CEEU/CEJUP, 1985. p. 15).

O ESTADO À LUZ DA HISTÓRIA, DA FILOSOFIA E DO DIREITO

Sob o prisma de que o Estado é conformado pela existência de quatro elementos (povo, território, poder e Direito), o Direito que rege determinada comunidade há de ser sempre um direito positivo, com sanção assecuratória, que, no dizer de Kelsen, é norma primária, e, no de Cóssio, é norma periférica, sendo a norma de conduta secundária para Kelsen e central para Cóssio.[41]

Ora, o direito natural não tem tal conformação cogente, que o direito positivo primário tem, acrescentando-se, na crítica de Kelsen, a de que há diversas correntes de jusnaturalistas, o que não o tornaria um Direito de uma só versão, mas um direito variável. Vale dizer, não haveria um direito inerente ao ser humano, não passível de criação pelo Estado, mas que caberia a este apenas reconhecer, em face das interpretações várias de quais seriam estes direitos, o que tornaria, pois, sua

---

41. Escrevi: "Kelsen e Cóssio travaram, no passado, intenso debate para definir se as normas sancionatórias seriam primárias ou secundárias, entendendo aquele que seriam necessariamente primárias, por assecuratórias daquelas de comportamento, e este, que seriam secundárias, posto que a lei é feita para ser cumprida e não pode ser estudada a partir de sua patologia jurídica.

No concernente à divisão em normas de aceitação social e de rejeição social, o dilema se compõe na medida em que as normas de aceitação social têm, nas sanções, instrumental repressivo de rara aplicação, posto que as normas de comportamento seriam cumpridas mesmo que não houvesse penalidades.

As denominadas leis naturais na moderna concepção de direito natural, que não se choca com o direito positivo, visto que há normas que o Estado apenas reconhece e outras que cria, são, quase sempre, normas de aceitação social. O respeito ao direito à vida é típica norma de comportamento, que seria cumprida pela maior parte da população em qualquer parte do mundo, mesmo que não houvesse sanção. Para tais normas compreende-se que as normas sancionatórias sejam secundárias, visto que o brilho das normas primárias ou de comportamento por si só assegura a força de sua aplicação e aceitação pela comunidade. Desta forma, quanto às normas de aceitação social, Cóssio tem razão, sendo a norma sancionatória mero apêndice de aplicação restrita aos desajustados sociais.

O mesmo não acontece quanto às normas de rejeição social. Nestas, prevalece a necessidade da norma sancionatória, única capaz de fazer cumprir a norma de rejeição social.

O tributo, como o quer Paulo de Barros Carvalho, é uma norma. É uma norma de rejeição social. Vale dizer, sem sanção provavelmente não seria cumprida. A sanção é que assegura ao Estado a certeza de que o tributo será recolhido, visto que a carga desmedida que implica traz, como consequência, o desejo popular de descumpri-la" (*O sistema tributário na constituição*. 6. ed. São Paulo: Saraiva, 2007. p. 14-16).

concepção, a de uma norma especificamente filosófica do "dever ser" e não do "ser" jurídico.

Tal crítica – muito em voga entre aqueles que procuram desqualificar o direito natural, mostrando que apenas o direito positivo existe e que neste, segundo Kelsen, a moral pode influir, mas não é elemento jurídico, pois o jurídico exige sanção capaz de permitir o cumprimento de normas de conduta, seja justa ou injusta – a meu ver, não procede.

O julgamento de Nuremberg é típico julgamento em que o direito natural tornou-se direito positivo. Oficiais nazistas foram condenados por crimes contra a humanidade, sem texto anterior escrito a justificá-lo (01/10/1946).

O que mais impressiona, todavia, é a declaração universal dos direitos humanos de 10/12/1948. Não é um tratado internacional, mas enunciação de direitos fundamentais do ser humano, que são direitos naturais, a que a todo o homem devem ser assegurados.[42]

---

42. "Declaração Universal dos Direitos Humanos – Preâmbulo. Considerando que o reconhecimento da dignidade inerente a todos os membros da família humana e dos seus direitos iguais e inalienáveis constitui o fundamento da liberdade, da justiça e da paz no mundo; Considerando que o desconhecimento e o desprezo dos direitos do Homem conduziram a actos de barbárie que revoltam a consciência da Humanidade e que o advento de um mundo em que os seres humanos sejam livres de falar e de crer, libertos do terror e da miséria, foi proclamado como a mais alta inspiração do Homem; Considerando que é essencial a proteção dos direitos do Homem através de um regime de direito, para que o Homem não seja compelido, em supremo recurso, à revolta contra a tirania e a opressão; Considerando que é essencial encorajar o desenvolvimento de relações amistosas entre as nações; Considerando que, na Carta, os povos das Nações Unidas proclamam, de novo, a sua fé nos direitos fundamentais do Homem, na dignidade e no valor da pessoa humana, na igualdade de direitos dos homens e das mulheres e se declaram resolvidos a favorecer o progresso social e a instaurar melhores condições de vida dentro de uma liberdade mais ampla; Considerando que os Estados membros se comprometeram a promover, em cooperação com a Organização das Nações Unidas, o respeito universal e efectivo dos direitos do Homem e das liberdades fundamentais; Considerando que uma concepção comum destes direitos e liberdades é da mais alta importância para dar plena satisfação a tal compromisso: A Assembléia Geral proclama a presente Declaração Universal dos Direitos Humanos como ideal comum a atingir por todos os povos e todas as nações, a fim de que todos os indivíduos e todos os órgãos da sociedade, tendo-a constantemente no espírito, se esforcem, pelo ensino e pela educação, por desenvolver o respeito desses direitos e liberdades e por promover,

Seu relator, René Cassin, jusnaturalista tomista, demonstra que há um núcleo de direitos fundamentais, que o Estado não cria, mas reconhece, e, quando não o reconhece, aquele Estado transforma-se numa ditadura criticada pela comunidade internacional. De resto, os direitos enunciados na declaração de René Cassin estão incorporados em quase todas as Constituições modernas democráticas, numa demonstração de que os constituintes desses países reconhecem a existência de direitos fundamentais que, de rigor, são direitos individuais.[43]

No Brasil, inclusive, os dispositivos do art. 5º da CF – nem todos são direitos naturais – são cláusulas imodificáveis, por força do art. 60, § 4º, inciso IV, da CF.[44]

Esta elaboração do direito natural, que é desvendado a partir de uma reflexão mais profunda de filósofos desde a China, Índia, hebreus, persas, encontra, todavia, a primeira sistematização conceitual nos direitos grego e romano, lastreados em seus pensadores.

Os gregos são aqueles que mais se aprofundaram em dar contorno à existência de direitos inatos ao ser humano, embora numa perspectiva de ética no exercício do poder e na formatação das leis, algo que não conseguem, pragmaticamente,

---

por medidas progressivas de ordem nacional e internacional, o seu reconhecimento e a sua aplicação universais e efectivos tanto entre as populações dos próprios Estados membros como entre as dos territórios colocados sob a sua jurisdição. " (DECLARAÇÃO UNIVERSAL DOS DIREITOS HUMANOS. Disponível em: < http://www.ohchr.org/EN/UDHR/Documents/UDHR_Translations/por.pdf>.

43. Renée Cassin afirmou: "não é porque as características físicas do homem mudaram pouco desde o começo dos tempos verificáveis que a lista de seus direitos fundamentais e liberdades foi idealizada para ser fixada permanentemente, mas em função da crença de que tais direitos e liberdades lhe são naturais e inatos" CASSIN, René. Op. cit., p. 5.

44. "Art. 5º Todos são iguais perante a lei, sem distinção de qualquer natureza, garantindo-se aos brasileiros e aos estrangeiros residentes no País a inviolabilidade do direito à vida, à liberdade, à igualdade, à segurança e à propriedade, nos termos seguintes: (...)".
"Art. 60 (...) § 4º - Não será objeto de deliberação a proposta de emenda tendente a abolir: (...) IV - os direitos e garantias individuais".

realizar, talvez em função de sua concepção de cidades-Estados independentes e não da criação de um império, o que os romanos conseguiram construir: uma nação global desde a época da República.[45]

Para compreender a aventura humana, que necessita de uma organização social para realizar-se, tendo o direito a orientá-la, ao investigador histórico cabe detectar no tempo tal realidade. Mister se faz, todavia, perceber que, mesmo os que negam o direito natural como orientador de comportamentos, não podem negar a existência de direitos fundamentais, que, de rigor, são aqueles direitos inerentes a todos os seres humanos.

Não sem razão, na declaração de independência dos Estados Unidos[46] e na declaração de direitos dos cidadãos,

---

45. Na Ética de Nicômaco, Aristóteles escreve: "Ninguém duvidará de que o seu estudo pertença à arte mais prestigiosa e que mais verdadeiramente se pode chamar a arte mestra. Ora, a política mostra ser dessa natureza, pois é ela que determina quais as ciências que devem ser estudadas num Estado, quais são as que cada cidadão deve aprender, e até que ponto; e vemos que até as faculdades tidas em maior apreço, como a estratégia, a economia e a retórica, estão sujeitas a ela. Ora, como a política utiliza as demais ciências e, por outro lado, legisla sobre o que devemos e o que não devemos fazer, a finalidade dessa ciência deve abranger as das outras, de modo que essa finalidade será o bem humano. Com efeito, ainda que tal fim seja o mesmo tanto para o indivíduo como para o Estado, o deste último parece ser algo maior e mais completo, quer a atingir, quer a preservar. Embora valha bem a pena atingir esse fim para um indivíduo só, é mais belo e mais divino alcançá-lo para uma nação ou para as cidades-Estados. Tais são, por conseguinte, os fins visados pela nossa investigação, pois que isso pertence à ciência política numa das acepções do termo" (ARISTÓTELES. Livro em Português (Brasil). Coleção: Os pensadores IV. São Paulo: Abril Cultural, 1973. p. 249-250).

46. "No Congresso, 4 de julho de 1776 Declaração Unânime dos Treze Estados Unidos da América. Quando, no curso dos acontecimentos humanos, se torna necessário um povo dissolver laços políticos que o ligavam a outro, e assumir, entre os poderes da Terra, posição igual e separada, a que lhe dão direito as leis da natureza e as do Deus da natureza, o respeito digno às opiniões dos homens exige que se declarem as causas que os levam a essa separação. Consideramos estas verdades como evidentes por si mesmas, que todos os homens foram criados iguais, foram dotados pelo Criador de certos direitos inalienáveis, que entre estes estão a vida, a liberdade e a busca da felicidade.
Que a fim de assegurar esses direitos, governos são instituídos entre os homens, derivando seus justos poderes do consentimento dos governados; que, sempre que qualquer forma de governo se torne destrutiva de tais fins, cabe ao povo o direito de

alterá-la ou aboli-la e instituir novo governo, baseando-o em tais princípios e organizando-lhe os poderes pela forma que lhe pareça mais conveniente para realizar-lhe a segurança e a felicidade. Na realidade, a prudência recomenda que não se mudem os governos instituídos há muito tempo por motivos leves e passageiros; e, assim sendo, toda experiência tem mostrado que os homens estão mais dispostos a sofrer, enquanto os males são suportáveis, do que a se desagravar, abolindo as formas a que se acostumaram. Mas quando uma longa série de abusos e usurpações, perseguindo invariavelmente o mesmo objeto, indica o desígnio de reduzi-los ao despotismo absoluto, assistem-lhes o direito, bem como o dever, de abolir tais governos e instituir novos-Guardas para sua futura segurança. Tal tem sido o sofrimento paciente destas colônias e tal agora a necessidade que as força a alterar os sistemas anteriores de governo. A história do atual Rei da Grã-Bretanha compõe-se de repetidos danos e usurpações, tendo todos por objetivo direto o estabelecimento da tirania absoluta sobre estes Estados. Para prová-lo, permitam-nos submeter os fatos a um cândido mundo.

Recusou assentimento a leis das mais salutares e necessárias ao bem público.

Proibiu aos governadores a promulgação de leis de importância imediata e urgente, a menos que a aplicação fosse suspensa até que se obtivesse o seu assentimento, e, uma vez suspensas, deixou inteiramente de dispensar-lhes atenção.

Recusou promulgar outras leis para o bem-estar de grandes distritos de povo, a menos que abandonassem o direito à representação no Legislativo, direito inestimável para eles temível apenas para os tiranos.

Convocou os corpos legislativos a lugares não usuais, ser conforto e distantes dos locais em que se encontram os arquivos públicos, com o único fito de arrancar-lhes, pela fadiga o assentimento às medidas que lhe conviessem.

Dissolveu Casas de Representantes repetidamente porque: opunham com máscula firmeza às invasões dos direitos do povo. Recusou por muito tempo, depois de tais dissoluções, fazer com que outros fossem eleitos; em virtude do que os poderes legislativos incapazes de aniquilação voltaram ao povo em geral para que os exercesse; ficando nesse ínterim o Estado exposto a todos os perigos de invasão externa ou convulsão interna.

Procurou impedir o povoamento destes estados, obstruindo para esse fim as leis de naturalização de estrangeiros, recusando promulgar outras que animassem as migrações para cá e complicando as condições para novas apropriações de terras. Dificultou a administração da justiça pela recusa de assentimento a leis que estabeleciam poderes judiciários.

Tornou os juízes dependentes apenas da vontade dele para gozo do cargo e valor e pagamento dos respectivos salários.

Criou uma multidão de novos cargos e para eles enviou enxames de funcionários para perseguir o povo e devorar-nos a substância.

Manteve entre nós, em tempo de paz, exércitos permanentes sem o consentimento de nossos corpos legislativos. Tentou tornar o militar independente do poder civil e a ele superior. Combinou com outros sujeitar-nos a jurisdição estranha à nossa Constituição e não reconhecida por nossas leis, dando assentimento a seus atos de pretensa legislação: por aquartelar grandes corpos de tropas entre nós; por protegê-las por meio de julgamentos simulados, de punição por assassinatos que viessem a cometer contra os habitantes destes estados; por fazer cessar nosso comércio com todas as partes do mundo; pelo lançamento de taxas sem nosso consentimento; por privar-nos, em muitos casos, dos benefícios do julgamento pelo júri; por transportar-nos para além-mar para julgamento por pretensas ofensas; por abolir o sistema livre de leis inglesas em província vizinha, aí estabelecendo governo arbitrário e ampliando-lhe os limites, de sorte a torná-lo, de imediato, exemplo e instrumento apropriado para a introdução do mesmo domínio absoluto nestas colônias; por tirar-nos nossas cartas, abolindo nossas leis mais valiosas e alterando fundamentalmente a forma de nosso governo; por suspender nossos corpos legislativos, declarando se investido do poder de legislar para nós em todos e quaisquer casos.

Abdicou do governo aqui por declarar-nos fora de sua proteção e movendo guerra contra nós.

Saqueou nossos mares, devastou nossas costas, incendiou nossas cidades e destruiu a vida de nosso povo.

Está, agora mesmo, transportando grandes exércitos de mercenários estrangeiros para completar a obra da morte, desolação e tirania, já iniciada em circunstâncias de crueldade e perfídia raramente igualadas nas idades mais bárbaras e totalmente indignas do chefe de uma nação civilizada.

Obrigou nossos concidadãos aprisionados em alto-mar a tomarem armas contra a própria pátria, para que se tornassem algozes dos amigos e irmãos ou para que caíssem por suas mãos.

Provocou insurreições internas entre nós e procurou trazer contra os habitantes das fronteiras os índios selvagens e impiedosos, cuja regra sabida de guerra é a destruição sem distinção de idade, sexo e condições.

Em cada fase dessas opressões solicitamos reparação nos termos mais humildes; responderam a nossas apenas com repetido agravo. Um príncipe cujo caráter se assinala deste modo por todos os atos capazes de definir tirano não está em condições de governar um povo livre. Tampouco deixamos de chamar a atenção de nossos irmãos britânicos. De tempos em tempos, os advertimos sobre as tentativas do Legislativo deles de estender sobre nós jurisdição insustentável. Lembramos a eles das circunstâncias de nossa migração e estabelecimento aqui. Apelamos para a justiça natural e para a magnanimidade, e os conjuramos, pelos laços de nosso parentesco comum, a repudiarem essas usurpações que interromperiam, inevitavelmente, nossas ligações e nossa correspondência. Permaneceram também surdos à voz da justiça e da consangüinidade. Temos, portanto, de aquiescer na necessidade de denunciar nossa separação e considerá-los, como consideramos o restante dos homens, inimigos na guerra e amigos na paz.

Nós, Por conseguinte, representantes dos Estados Unidos da América, reunidos em Congresso Geral, apelando para o Juiz Supremo do mundo pela retidão de nossas intenções, em nome e por autoridade do bom povo destas colônias, publicamos e declaramos solenemente: que estas colônias unidas são e de direito têm de ser Estados livres e independentes, que estão desoneradas de qualquer vassalagem para com a Coroa Britânica, e que todo vínculo político entre elas e a Grã-Bretanha está e deve ficar totalmente dissolvido; e que, como Estados livres e independentes, têm inteiro poder para declarar guerra, concluir paz, contratar alianças, estabelecer comércio e praticar todos os atos e ações a que têm direito os estados independentes. E em apoio desta declaração, plenos de firme confiança na proteção da Divina Providência, empenhamos mutuamente nossas vidas, nossas fortunas e nossa sagrada honra."

durante a Revolução Francesa,[47] a existência de tais direitos é realçada.

Por isto, entendo não haver nenhum conflito entre o direito positivo e o direito natural.

Aquele é definido para uma determinada localidade, à luz de suas necessidades intrínsecas, por consenso ou por imposição, matéria que não pertine ao direito natural, pois variável no tempo e no espaço. Existe um pequeno feixe de direitos, hoje reconhecidos nas democracias como direitos fundamentais e que transcendem os ordenamentos jurídicos restritos e temporais, por sua permanência no tempo. Estes, são mais duradouros, quando se lastreiam no direito natural. Se os respeitarem, encampando-os naquilo que é de sua área de incidência, o choque não se faz. Cabe ao Estado definir, por exemplo, o tipo de governo que dirige seu povo (parlamentar ou presidencial), direito este que não é próprio do direito natural, mas não cabe eliminar direitos fundamentais, como o da vida humana, ou adotar a tortura como forma de obter informações etc., pois tais violências ferem direitos inatos a

---

47. "Os representantes do povo francês, reunidos em Assembléia Nacional, considerando que a ignorância, o esquecimento ou o desprezo dos direitos do homem são as únicas causas dos males públicos e da corrupção dos governos, resolveram expor, em uma declaração solene, os direitos naturais, inalienáveis e sagrados do homem, a fim de que essa declaração, constantemente presente junto a todos os membros do corpo social, lembre-lhes permanentemente seus direitos e deveres; a fim de que os atos do poder legislativo e do poder executivo, podendo ser, a todo instante, comparados ao objetivo de qualquer instituição política, sejam por isso mais respeitados; a fim de que as reivindicações dos cidadãos, doravante fundadas em princípios simples e incontestáveis, estejam sempre voltadas para a preservação da Constituição e para a felicidade geral.
Em razão disso, a Assembléia Nacional reconhece e declara, na presença e sob a égide do Ser Supremo, os seguintes direitos do homem e do cidadão:
Art.1.º - Os homens nascem e são livres e iguais em direitos. As distinções sociais só podem ter como fundamento a utilidade comum.
Art. 2.º - A finalidade de toda associação política é a preservação dos direitos naturais e imprescritíveis do homem. Esses direitos são a liberdade, a prosperidade, a segurança e a resistência à opressão."

todo o ser humano, que transcendem ao direito positivo de um determinado período ou espaço.[48]

Há, pois, uma complementação entre o pequeno núcleo de direitos naturais, hoje reconhecidos pela maioria dos países, em grande parte, e o direito positivo, que diz respeito à forma de uma sociedade auto-organizar-se para obtenção de suas finalidades.

Ao historiador, pois, pertine indagar e decidir, em certa época, a conjunção ou não destes dois direitos que se complementam, servindo de base e de estudo para aquele que termina por formatar o direito do futuro. E, para assim agir, não pode desconhecer os fundamentos filosóficos que levaram aquela comunidade a organizar-se da forma que o fez.

1.5. Uma breve avaliação histórica e filosófica da evolução do Estado e do Direito

Em diversos livros, tenho cuidado da evolução do Direito, do Estado e procurado formular uma teoria sobre o poder ("Desenvolvimento econômico e segurança nacional:

---

48. Escrevi: "O direito à vida, talvez, mais do que qualquer outro, impõe o reconhecimento do Estado para que seja protegido e, principalmente, o direito à vida do insuficiente. Como os pais protegem a vida de seus filhos após o nascimento, os quais não teriam condições de viver, sem tal proteção à sua fraqueza, e assim agem por imperativo natural, o Estado deve proteger o direito à vida do mais fraco a partir de teoria do suprimento.
Por esta razão, o aborto e a eutanásia são violações ao direito natural à vida, principalmente porque exercidos contra insuficientes. No primeiro caso, sem que o insuficiente possa se defender e no segundo, mesmo que com autorização do insuficiente, porque o insuficiente, levado pelo sofrimento, não raciocina com a lucidez que seria desejável. É violação ao direito à vida o suicídio, pois o suicida é também um insuficiente levado ao desespero do ato extremo, por redução da sua capacidade inata de proteção, constituída pelo intuito de preservação" (Caderno de Direito Natural n. 2, Direito à vida, coordenador Ives Gandra Martins, Ed. CEJUP, Belém, 1987, p. 20-21).

Teoria do limite crítico",[49] "O Estado de Direito e o Direito do Estado",[50] "Uma visão do mundo contemporâneo",[51] "A era das contradições",[52] "A nova classe ociosa",[53] "Uma breve teoria do poder",[54] "Uma teoria do tributo"[55] e "Uma breve introdução ao direito").[56]

O que pretendo neste Capítulo é traçar um brevíssimo resumo desta evolução da organização social das primeiras comunidades até hoje.

Como disse no início deste livro, as primeiras comunidades de "homo sapiens" foram formadas por famílias, em que o domínio do homem velho sobre jovens e mulheres constituía o direito destas comunidades, valendo sua liderança até o momento em que era derrotado por um dos membros mais jovem da família.[57]

---

49. MARTINS, Ives Gandra da Silva. *Desenvolvimento econômico e segurança nacional:* ... cit., 1971.

50. MARTINS, Ives Gandra da Silva. *O Estado de Direito e o Direito do Estado*. Porto Alegre: Lex/Magister, 2006.

51. *Uma visão do mundo contemporâneo*. São Paulo: Pioneira, 19966, e Ed. Universitária em Portugal, 1996; em russo na Bulgária em 1997; em romeno, Ed. Continente, Bucareste, 2001.

52. MARTINS, Ives Gandra da Silva. *A era das contradições*. São Paulo: Futura, 2000 e *A era das contradições*. Lisboa: Universitária, 2001.

53. Co-ed. Editora Forense/Academia Internacional de Direito e Economia, Rio de Janeiro, 1987; 2ª edição, Lex Editora, São Paulo, 2006;

54. MARTINS, Ives Gandra da Silva. *Uma breve teoria do poder*. 2. ed. São Paulo: Editora Revista dos Tribunais, 2011.

55. Ed. Quartier Latin, São Paulo, 2005.

56. MARTINS, Ives Gandra da Silva. *Uma breve introdução ao Direito*. São Paulo: Editora Revista dos Tribunais, 2011 e *Una breve introducción al derecho*. México: RM Adivisors Ediciones, 2011.

57. John Gowlett escreveu: "Na sociedade humana tudo isso depende de nosso manejo de ideias e de sistemas de normas de comportamento e regulamentos que são transmitidos de geração em geração. Como surgiu, em primeiro lugar, este modelo que chamamos cultura?
As necessidades elos humanos de adaptar-se à caça e à coleta foram cruciais para a evolução ela cultura. A caça e a coleta, que nossos parentes próximos, os macacos, não necessitaram fazer nunca, foram praticadas durante dois milhões de anos antes

A maior força dos povos nômades, nos primeiros tempos, levava, sempre que a falta de caça e de alimentos batesse em suas comunidades, a invadir as primeiras aldeias de povos agrícolas e sedentários e, por serem mais belicosos, terminavam por vencer.[58]

A vida nômade, todavia, era difícil, a mortalidade infantil muito elevada, razão pela qual os grupos eram menos numerosos. Mas, no início, prevaleciam, por estarem acostumados a enfrentar dificuldades e serem mais preparados para a luta.

Apenas à medida em que o número dos sedentários cresceu consideravelmente mais do que os nômades e prepararam-se para defender suas aldeias, é que se pode começar a falar em formação do Estado, pois das pequenas aldeias, começam a surgir as cidades, aparecendo, então, os primeiros reinados e impérios.

À evidência, o direito costumeiro, aquele imposto por quem tinha o comando da comunidade, sempre existiu nestas primitivas sociedades, como Malinowski mostrou, ao estudar as primitivas sociedades do Pacífico Sul, nos fins do século XIX.[59]

---

do surgimento da agricultura e das cidades.
É muito fácil para nós imaginar o mundo emocionante, exótico, dos primeiros hominídeos, separado dos pontos culminantes culturais pelos últimos 30.000 anos por um longo período no qual não ocorria quase nada. Mas, na verdade, nesses tempos intermediários se deram os desenvolvimentos mais essenciais da formação de nossa espécie. Aqui foram selecionados os maiores elementos desta perspectiva geral" (GOWLETT, John. *Arqueologia das primeiras culturas*. A alvorada da humanidade. Coleção Grandes Civilizações do Passado. Barcelona: Ediciones Folio, 2007. p. 6).

58. Maria Beltrão (BELTRÃO, Maria. *Le peuplement de l'Amérique du Sud, Essai d'archéogéologie – Une approche interdisciplinaire*. Paris: Riveneuve Editions, 2008) mostra que as pinturas rupestres encontradas no Brasil são mais antigas que as de Altamira (Espanha) ou Lescaux (França).

59. "Para o teórico, interessado sobretudo em problemas de evolução, o Kula pode inspirar algumas reflexões sobre as origens da riqueza e do valor, do comércio e das relações econômicas em geral. Pode também lançar alguma luz sobre o desenvolvimento da vida cerimonial e sobre a influência de objetivos e ambições econômicas na evolução das relações intertribais e do direito internacional primitivo. Para o estudioso que vê os problemas de etnologia principalmente do ponto de vista do

O ESTADO À LUZ DA HISTÓRIA, DA FILOSOFIA E DO DIREITO

Minha teoria do poder, todavia, parte do princípio que o Direito destas sociedades, ou seja, suas regras convivenciais eram mais consensuais no início dos povos, do que à medida em que as sociedades evoluíam. É que, nas primeiras comunidades, todos participavam da vida com o seu líder, enquanto que à medida em que o número de pessoas em cada comunidade cresceu e os conhecimentos da arte e da técnica do comando concentraram-se nos que tinham liderança e seus sucessores, o povo foi se distanciando da definição de suas regras. Os que comandavam sentiam-se os verdadeiros senhores das comunidades, pois estavam na condução e mostravam-se superiores. O povo tornou-se, portanto, apenas uma sociedade conduzida sem representação ou forças para definir regras, tendo, ironicamente, como "único direito", o de obedecer.[60]

Não sem razão, nos impérios que se formaram na China, na Índia, Próximo Oriente, Norte da África, os reis, os faraós,

---

contato de culturas, e que está interessado na difusão de instituições, crenças e objetos pela transmissão, o Kula não é menos importante. Mostra um novo tipo de contato intertribal, de relações entre várias comunidades ligeira mas claramente diversas em cultura, e relações que não são esporádicas e acidentais, mas regulamentadas e permanentes. Mesmo deixando de lado a tentativa de explicar como se originou a relação kula entre as várias tribos, ainda nos deparamos com um problema definido de contato cultural" (Os pensadores, vol. XLIII, Bronislaw Malinowski, Argonautas do Pacífico Ocidental, Ed. Abril Cultural, 1ª. Ed., jan/1976, São Paulo, p. 373).

60. Escrevi: "H. L. A. Hart. em seu polêmico "The concept of Law", procura, a partir do exame de casos concretos e próprios da estrutura legal inglesa, em que a "common law" continua a desempenhar decidida influência conformadora. descobrir os fundamentos do Direito, assim como a razão pela qual o homem obedece à ordem jurídica posta por quem detém o poder de impô-la.
Embora considere relevante o hábito de obedecer, importante o ideal de justiça, influente a moral dominante. como também não despiciendos a ambição pelo poder, a segurança da ordem e o benefício da relativa certeza que a força da lei propicia, chega a duas conclusões, que, embora não originais, pelo seu entrelaçamento, permitem reflexão fecunda sobre as dimensões do Direito, como elemento intrínseco à natureza humana e fundamental para que o homem se realize" (MARTINS, Ives Gandra da Silva. A jurisprudência interpretativa e o ideal de justiça. *Revista da Universidade de Coimbra*. Estudos em homenagem a Antônio de Arruda Ferrer Corrêa, 1989.p. 3).

os imperadores consideravam-se descendentes dos próprios deuses e, como tais, eram treinados.

O Direito, portanto, já não era mais um direito da comunidade, mas de quem comandava e determinava o que era bom ou não para o povo, independente da vontade deste.

Apesar disto, nos primeiros Códigos conhecidos, não se discutia a legitimidade do poder, mas, exclusivamente, de que forma os descendentes dos deuses organizavam uma sociedade de subordinados, ou seja, o seu povo, formatando, essencialmente, um direito outorgado.[61]

Apenas com os filósofos gregos coloca-se em profundidade – embora haja reflexões sobre o poder em Zaratrusta ou Confúcio e nos pensadores indianos – a questão da legitimidade de seu exercício e a necessidade de sua regulação. A matéria foi examinada por muitos dos pré-socráticos, até mesmo por aqueles que se preocupavam mais com a origem da vida e do Universo.[62]

A tríade maior de seus pensadores (Sócrates, Platão e Aristóteles) define, todavia, para sempre, uma linha de

---

[61]. Escrevi: "As leis de Entemena, Urukagina, Gudea, Urnamu, Lipit-Ishtar, Eshnuna, Amisaduqa, além das leis assírias, babilônicas, cassitas, neobabilônicas, egípcias, de Ebla, hurritas, de Ugarit, hititas, elamitas e mesmo israelenses, não representam senão leis outorgadas por uma classe privilegiada, favorecida e diferenciada em relação a seus súditos, cujo único direito era honrar os governantes e servi-los, reconhecendo-os como representantes dos deuses ou do Deus Único (caso de Israel).
E é interessante notar que toda nossa herança oriental traduz, de certa forma, esta concepção dos que têm o dom de mandar e daqueles que devem obedecer.
Em todas as guerras conhecidas através da história, o povo era apenas um instrumento de manipulação dos poderosos, para conseguir seus objetivos, sempre interessados em maior domínio e não em servir ao povo. O povo é que devia servir ao poder, com dois tipos de tributos, em espécie (recursos que lhe eram tirados) e atendendo à convocação de homens para fazer a guerra de conquista ou defender os detentores do poder, na qual sacrificavam suas vidas, sem conhecer ou partilhar do verdadeiro objetivo dos governantes" (MARTINS, Ives Gandra da Silva. Uma teoria do tributo... cit. p. 114-115).

[62]. Enumero alguns: Anaxágoras, Tales de Mileto, Zenon, Parmênides, Heráclito, Anaxímenes e outros.

preocupação que não poderia mais ser desconhecida, entre os povos civilizados, por quem exerce o poder a partir de então, mesmo que não seguida.

Se compararmos o que se conhece do Direito dos elamitas, dos sumerianos, incluídos os babilônios, os assírios, os egípcios, os hititas etc., percebe-se que ocorre uma ruptura entre a forma de organização da sociedade daqueles impérios, alguns com longa duração (4.000 anos, por exemplo, do império egípcio, antes da era ptolomaica) e aquelas novas formas, principalmente em algumas cidades gregas, como em Atenas, o que terminará refletindo na maneira de ser dos romanos e no Direito romano [63].

Os intelectuais que não atribuem ao conhecimento da história a própria evolução das instituições, não percebem a importância que a compreensão daquela realidade, nos 6.000 anos de acontecimentos narrados, impactou o pensamento filosófico, refletindo na conformação das futuras nações, como se vislumbra a partir da filosofia grega e do Direito romano.

O império romano é fruto de seu Direito e seu Direito é fruto de uma longa reflexão filosófica promovida pelos gregos, a partir da história dos povos e civilizações até aquela época.

Quando se diz que os gregos gostavam de viajar e vemos que alguns historiadores eram viajantes (Tucídides, Heródoto e Xenofonte), percebe-se que parte da história que contavam decorria desta percepção da forma e dos costumes de cada

---

63. Álvaro D'Ors leciona: *"CONCEPTO DE 'DERECHO ROMANO' -§ 1. Se entiende por "Derecho Romano" una serie de escritos de aquellos utores que fueron considerados en la antigua Roma como autoridades en el discernimiento de lo justo y injusto (iuris prudentes); especialmente, la colección antológica de esos escritos hecha por el emperador Justiniano (s. VI d. C.), a la que éste agregó otra menor de leyes dadas por los emperadores romanos anteriores y las suyas propias. Desde el siglo XII se llama "Cuerpo del Derecho Civil" (Corpus iuris civilis) a esa compilación de derecho y leyes. La virtud ejemplar del Derecho Romano, por la que debe seguir siendo estudiado en la actualidad, consiste en haber sido fundamentalmente un derecho científico, es decir, jurisprudencial, y no un orden impuesto por el legislador"* (D'ORS, Álvaro. Derecho privado romano. Pamplona: EUNSA, 1983. p. 27).

povo que conheciam e das investigações que fizeram para chegar a interpretar sua evolução.[64]

A cultura grega terminou por formatar o Império Romano, lembrando-se que, em tudo, os romanos foram imitadores dos gregos, inclusive quanto aos seus deuses. Mas em algo superaram em muito o povo da outra península, ou seja, na utilização do Direito com intuito de conquista e de pacificação das nações conquistadas.

Sempre que a proteção do Direito romano era estendida a qualquer povo ou terra invadida, a certeza e a segurança que esta sociedade adquiria em relação às demais e sua nivelação aos próprios cidadãos romanos, tornavam este povo aliado mais confiável.

Acredito mesmo que Antonino Caracala, ao estender a cidadania romana em 212 d.C. a todo Império Romano, retardou uma queda já detectada, no século III, como iminente, pela falta de confiabilidade dos imperadores e Césares que se sucederam em grande número, principalmente na segunda metade daquele século, por 265 anos. O Direito romano garantia mais o povo do que os governantes, no período.[65]

À evidência, apesar da manutenção do Império Romano oriental até 1453, a queda ocidental levou a Europa ao domínio bárbaro, em que os povos, as guerras e as conquistas se sucediam. A Idade Média, do caos reinante, após a queda do Império Romano ocidental, só foi salva, culturalmente, graças à Igreja Católica, que preservou a cultura do Ocidente, da mesma forma que os grandes filósofos árabes (Avicena, Averrões, Alfarabi e outros) preservaram-na para o Oriente.

---

64. Na "A Retirada dos 10.000" de Xenofonte, ele mesmo participou do exército grego que se retirava em formação sem perder a organização militar.

65. "CARACALLA 3:810, nickname of MARCUS AURELIUS ANTONINUS (b. April 4, AD 188, Lugdunum, now Lyon, Fr. – d. April 8, 217, Carrhae, Mesopotamia), Roman emperor from 211 to 217, an able soldier, noted both for his brutality and for his liberal extension of the rights of citizenship" (Encyclopaedia Britannica in 30 volumes, University of Chicago, 1980, volume II, p. 545).

O ESTADO À LUZ DA HISTÓRIA, DA FILOSOFIA E DO DIREITO

O Direito Processual foi aperfeiçoado e a Igreja eliminou as provas das ordálias, dos bárbaros, substituindo-as por provas materiais e deu início ao maior bem que a civilização, em todos os tempos, recebeu, ou seja, a criação da Universidade, que se tornou o centro de toda a cultura universal, a partir de então. A Universidade é um fruto da Igreja Apostólica Romana.[66]

---

66. "Assim me encontro, nesta solenidade, comovido, de um lado, e preocupado de outro, pela responsabilidade que é ostentar o título de "doutor honoris causa" da PUC paranaense.
A importância da instituição no cenário nacional é inconteste. Com a sólida formação moral que os irmãos maristas têm propagado pelo país, a PUC do Paraná faz lembrar o início das Universidades no mundo, fruto maior da Igreja Católica Apostólica Romana. Não se tem com precisão as datas do surgimento das Universidades de Paris, Bolonha, Oxford e Cambrigde, mas, como acentua Thomas E. Woods Jr. no livro "Como a Igreja Católica construiu a civilização ocidental" (Ed. Quadrante, 2008), seus primórdios estão nas escolas das Catedrais e nas reuniões informais de professores e alunos. É interessante que, à época, nenhuma Universidade fundada sob a égide da Igreja Católica, podia conceder diploma sem autorização papal. Inocêncio IV, em 1254, outorgou a permissão a Oxford. Em documento do Papa Gregório IX para a Universidade de Toulouse, em 1233, foi outorgado ao mestre o direito de lecionar em qualquer parte do mundo, na sua função de "jus ubique docendi". O Papa Honório III, em 1220, na Universidade de Bolonha, condenou violações às liberdades dos estudantes e, em 1231, o Papa Gregório IX lançou a Bula "Parens Scientiarum", a favor dos mestres de Paris. Todos aqueles que, com a superficialidade própria da análise dos acontecimentos pretéritos pelos formadores de opinião da atualidade, consideram a Idade Média como uma idade das trevas, desconhecem o fantástico trabalho que a Igreja Católica exerceu na preservação da cultura clássica e na definição de uma civilização de princípios, que é aquela que continua a dar sustentação aos valores do Século XXI. Assim é que, nos tempos da Reforma, havia 81 Universidades, das quais 33 pontifícias, quinze reais ou imperiais, vinte, simultaneamente, reais e pontifícias e apenas 15 sem credenciais.
A Universidade, maior dádiva à cultura universal em todos os tempos, é fruto exclusivo da Igreja Católica. A esmagadora maioria das Universidades Medievais foi criada pela Igreja, que fundou a primeira delas.
O Padre Robert de Sorbon, que deu o nome à Universidade de Paris, costumava reunir intelectuais, jovens e sacerdotes da época (1257), com o propósito de sistematizar o estudo superior na França, conformando-o cientificamente de modo a torná-lo aplicável à vida cotidiana, algumas décadas após a fundação da escola parisiense.
É interessante notar que a filosofia dos Séculos XII e XIII, na Europa, é fundamentalmente uma filosofia cristã, sem esquecer que, à época, havia também um crescimento do pensamento filosófico entre os árabes, com filósofos do porte de Avicena, Averroes etc.
A cultura clássica, que tanto árabes como cristãos preservaram no período, ganhou relevo à luz do cristianismo, visto que os clássicos gregos foram absorvidos,

remeditados e serviram de base para toda a escolástica e a produção fantástica de Tomás de Aquino, Abelardo, Bernardo de Claraval e muitos outros.

O próprio patrono dos advogados, Yves de Tréguier formou-se em Direito cursando duas Faculdades e tornou-se, ao mesmo tempo, sacerdote, advogado e juiz, com sólida formação em direito e filosofia (1250-1303).

Aliás, a profunda e notável ignorância daqueles que condenam a civilização cristã, preservada pela Igreja Católica, mal sabem que, em todos os ramos do conhecimento, a sua presença foi marcante. Lembro, apenas para citar algumas, as figuras do Cônego Copérnico, que desvendou o sistema heliocêntrico em oposição a Ptolomeu; de Galileu Galilei, que morreu na fé católica e que teve os seus estudos publicados pela Igreja, sem censura, enquanto conformava as teses de Copérnico como possíveis, sendo censurado apenas quando afirmou, sem a segurança dos astrônomos de hoje, que o heliocentrismo era algo comprovado. Enquanto hipótese, publicou os seus artigos e estudos sem contestação.

Antes de Newton, o Padre Jean Buridan (1295-1358) examinou a teoria da inércia e do movimento dos corpos celestes, lançando as bases para a evolução do pensamento do cientista inglês.

Não se pode esquecer o papel da Escola de Chartres, de sacerdotes, que influenciou todo o conhecimento científico de então, formatando as pesquisas futuras.

E assim até aos tempos mais próximos de nós, a grande maioria dos cientistas era católica.

Penso que vale a pena lembrar um episódio que ocorreu com Pasteur. Um estudante entrou num trem e, vendo um senhor rezando o terço, disse-lhe que deveria deixar de acreditar "nessas velharias". Que fosse como ele, estudante da Universidade de Paris, visto que a ciência moderna já não precisava dessas ficções religiosas. E perguntou se já ouvira falar na ciência moderna. Com muita simplicidade, Pasteur disse-lhe que sim. Quando o estudante lhe perguntou como se chamava, ouviu dele: Louis Pasteur. O jovem pediu desculpas e, respeitando a oração do grande cientista, ficou calado até o fim da viagem.

Nicola Steno, sacerdote convertido do luteranismo, estabeleceu a maior parte dos princípios da geologia moderna (1638-1686). Roberto Grosseteste, chanceler de Oxford, Roger Bacon, Santo Alberto Magno foram cientistas de renome mundial.

Charles Bossut, historiador e matemático, ao compilar a relação dos matemáticos mais ilustres de 900 a.C. até 1800 d.C., encontrou 16 jesuítas entre os 303 maiores matemáticos da história.

Giambattista Ricciolli (1598-1671) foi o primeiro a determinar a taxa de aceleração de um corpo em queda livre. O Padre Mendel foi o pai da genética moderna. O Padre Grimaldi (1618-1663) foi o primeiro a medir as dunas lunares. O Padre Rogério Boscovich foi o primeiro a determinar um método geométrico para calcular as órbitas dos planetas. O Padre Kuchen (1602-1680), humanista, foi quem desmascarou a alquimia, em que até Newton e Boyle chegaram a acreditar.

E paro por aqui. Poderíamos ficar até a madrugada falando sobre o modo como a Igreja construiu a civilização moderna.

Teço estas considerações, porque a verdade deve ser dita, principalmente em face dos que, por desconhecê-la, a atacam, ainda sob o forte impulso dos preconceitos com que os espadachins da mediocridade examinam a história" (meu discurso em 2011 por ocasião do recebimento do título de "Doutor Honoris Causa" na PUC-Paraná).

O ESTADO À LUZ DA HISTÓRIA, DA FILOSOFIA E DO DIREITO

Com senhores feudais fortes, reis fracos, invasão dos árabes da península ibérica, a tentativa frustrada de Carlos Magno de criação de um Sacro Império Romano, as Cruzadas, que enfraqueceram reinos – muito embora a primeira tenha controlado Jerusalém por quase dois séculos, mas as demais fracassaram – foram as janelas culturais da Universidade que abriram o campo para a Renascença e para as grandes descobertas. É bem verdade que a Idade Média conheceu um crescimento do comércio entre vilas, que fortaleceriam o mundo europeu na abertura de novas fronteiras. O mais organizado dos povos, à época, nada obstante sua reduzida população, os portugueses distenderam o acanhado espaço conhecido para a sua verdadeira dimensão, permitindo a Colombo, que estudou em Sagres, conquistar a América, e aos portugueses Vasco da Gama, chegar às Índias, e Fernando Magalhães, atingir o Pacífico, via continente americano, pelo estreito que tem, hoje, seu nome (Magalhães).[67]

---

67. "Dos relatos dessa viagem, o mais extenso e pormenorizado é o do Pigafetta, que em versão port. foi publicado pelo visconde de Lagoa (1938). Dele consta que os navios rumaram às Canárias, arq. de Cabo Verde, Guiné, passaram à costa bras.: estiveram na baía de Guanabara e seguiram até ao porto de S. Julião (Março, 1520), onde invernaram, e que pode considerar-se descoberto então. Entretanto, certas desavenças, já anteriormente esboçadas, cresciam, e logo se tornaram em verdadeira conjura contra o capitão-mor; este, porém, conseguiu dominar os amotinados e puniu com o maior rigor os cabecilhas do movimento, alguns dos quais eram capitães de navios. Retomada a navegação em Agosto, com quatro navios, pois um já naufragara no decurso de uma exploração da costa, foi enfim atingida, em Outubro, a embocadura do estreito hoje chamado de M., cujos meandros e derivações sem saída foram objecto de laboriosas, demoradas e inquietantes pesquisas, não isentas de desilusões, até que, por fim, em 26 ou 27 de Novembro, a saída para o Pacífico foi finalmente alcançada. Desertam já então um dos navios, por instigação de Estêvão Gomes, que nele regressou à Espanha. Atravessando o Pacífico em longa e penosa jornada, chegaram os três restantes navios em meados de Março de 1521 às ilhas de S. Lázaro, hoje Filipinas, sendo bem acolhidos pelo régulo da Cebu, a cujo serviço M. resolveu ir guerrear o de outra ilha, a de Mactão. Ali perdeu valorosamente a vida, com a de muitos companheiros que não quis abandonar. A morte não retirava a F. M., descobridor do estreito que pelo S da América estabelece comunicação do Atlântico com o Pacífico, os méritos de realizador da primeira viagem de circum-navegação do Globo, porquanto, embora a não concluísse, realizara a parte mais difícil do percurso, visto ser modesta a distância das Filipinas às Malucas e bem conhecido o caminho desde aí até à Espanha" (VERBO. Op. cit., p. 1017-1019).

A renascença, as riquezas dos novos mundos que chegaram com maior facilidade à Europa, o ouro americano, levaram à formação dos grandes reinos como o espanhol.

Portugal, em função de sua população reduzida, deixou de ser protagonista na história em pouco mais de um século, cedendo espaço à França e à Inglaterra. Os reinos alemães e italianos, estes ainda com os Estados Pontifícios e a Sereníssima República de Veneza, embora com menor presença, pois seus países só conheceram a unificação no século XIX, assim como a Holanda, conformaram o caleidoscópio do domínio europeu no mundo ocidental, americano, africano e em parte da Ásia.

O direito medieval é fundamentalmente, um Direito de feudos e de reinos – mesmo os Capetos não conseguiram, na França, dominar por inteiro, os senhores feudais –, sendo que dois diplomas conformaram uma nova era.

O primeiro – a meu ver, a primeira Constituição moderna –, a Magna Carta Baronorum, de um lado, impõe um regime fiscal à coroa (João Sem Terra) e de respeito aos Barões, que se auto-intitulavam defensores do povo, e, de outro lado, as ordenações afonsinas que resgataram as lições do Direito romano para organizar o Direito do reino lusitano.[68]

As monarquias absolutas, a derrota da invencível armada espanhola para os piratas ingleses, que depois ganharam títulos de nobreza pela façanha, a resistência asiática aos valores europeus, embora seus povos tenham sido dominados por eles, que, todavia, não abandonaram suas religiões tradicionais, as guerras havidas no plano de relações dinásticas mais do que nos valores das próprias nações, haveriam de desembocar num movimento como o da Revolução Francesa, que gerou um modelo constitucional próprio destinado fundamentalmente ao cidadão, nada obstante ter propiciado o

---

68. Os três diplomas maiores destes primeiros séculos da história de Portugal são as Ordenações Afonsinas, Manuelinas e as Filipinas, já sob o domínio espanhol (1580-1640).

maior banho de sangue de sua história. Por fim, a independência dos Estados Unidos, que dá início aos movimentos de liberdade dos demais países das Américas, ofertou um novo modelo constitucional para a regulação das nações.[69]

Aliás, o constitucionalismo moderno principia com três modelos constitucionais distintos: 1) Magna Charta Baronorum (1215), 2) Constituição americana (1787) e 3) Constituição francesa (1791).

Na primeira, há um equilíbrio entre a coroa e o povo, em seus direitos. No segundo, o conceito de pátria supera o equilíbrio, embora existente, entre poder e povo, que devem

---

69. Escrevi: "Há direitos que são inatos aos homens e mesmo nos três modelos constitucionais que formataram o constitucionalismo moderno, em que apenas os denominados direitos e garantias individuais deveriam ser realçados, já eram assim considerados, a meu ver, não por um processo historicista-axiológico, mas por serem inerentes aos seres humanos. Não é porque a evolução da cultura humana revelou que determinados direitos e princípios são bons e merecem ser garantidos e protegidos pelo Estado, que são eles naturais, mas porque verdadeiramente intrínsecos à natureza humana. Não cabe ao Estado outorgá-los em decorrência de sua percepção da realidade, mas, ao contrário, cabe-lhe apenas reconhecê-los, e não criá-los, por serem próprios do ser humano.
Nesta percepção de que há direitos que o Estado pode criar e outros que apenas pode reconhecer, reside a essência dos direitos fundamentais da pessoa humana, de certa forma realçados nos três primeiros modelos, em que o Estado (a Coroa, no início do modelo inglês) serviria apenas como entidade a serviço do cidadão ou do governado.
O equilíbrio, no modelo inglês, entre o Estado (Coroa) e o povo (barões e servidores); a predominância do conceito de pátria, a que governo e povo deveriam servir, no modelo americano e a predominância do destinatário, ou seja, do cidadão, no modelo francês, formatam a origem do constitucionalismo moderno, preocupado em dizer quais são os direitos dos cidadãos e por que formas o Estado pode, através de seus governos, estar a serviço dos ideais da comunidade.
As questões sociais decorrentes da industrialização e concentração das populações nas cidades, com sensível exploração da parte mais fraca (o empregado), levaram às diversas teorias socialistas, culminando com o diploma máximo para solução de tais embates (a Encíclica Rerum Novanum do Papa Leão XIII), assim como com as Constituições Mexicana (1917) e Alemã (1919), onde houve a inclusão dos direitos sociais. Seguiram-se diversos outros textos, já, a partir da segunda metade do século passado, com inserção de novos direitos, como os ambientais, à informação, os coletivos e difusos, à qualidade de vida comunitária, falando-se, pois, em direitos de 3ª e 4ª gerações" (MARTINS, Ives Gandra da Silva; BASTOS, Celso; NASCIMENTO, Carlos Valder do. (Coords.). *Tratado de Direito Constitucional*. v. 1. São Paulo: Saraiva, 2012. p. 48-49).

estar voltados para um bem maior, que é a pátria. No terceiro, o cidadão é o verdadeiro detentor do poder, que existe para servi-lo.

O século XIX foi caracterizado pelos diversos choques europeus, com a ascensão e a queda de Napoleão, o congresso de Viena, o retorno do Império francês, com Napoleão III até sua derrota perante os alemães, a adoção da República e a fragilização de toda as monarquias, crescendo soluções semelhantes à inglesa, que, desde 1688, formou um governo parlamentar, com o povo comandando o governo, por meio dos Comuns, e o Rei, o Estado.

Tal evolução foi acompanhada na Europa pela unificação da Itália e da Alemanha, e a conformação do maior império da época (Austro-Húngaro), desfeito na 1ª Guerra Mundial, após o assassinato de Francisco Ferdinando e Sacha, na Sérvia, episódio que deu início à 1.ª Guerra Mundial.[70]

A excessiva dívida de guerra, a crise econômica americana de 1929, que abalou a Europa e o mundo, e o aparecimento de um líder carismático, como Hittler, além da queda do Império russo em mãos de Lenine e Stálin, ofertaram os ingredientes para a 2.ª Guerra Mundial. Esta não foi, como a primeira, uma guerra de alocação de forças, mas de oposição entre regimes

---

70. "A I Guerra Mundial é exclusivamente de interesses econômicos e políticos para conformar a nova Europa e atalhar o crescimento da influência alemã, que começava a preocupar, inclusive aos Estados Unidos, que acabaram por entrar no conflito europeu.
Foi uma guerra de trincheiras, em que a mortalidade da soldadesca era brutal, sempre que se pretendia conquistar uma posição inimiga, e que foi decidida, quando parecia que se prolongaria indefinidamente, na segunda batalha do Marne. Nela, o general Foch conseguiu que se utilizassem todos os veículos disponíveis de Paris para levar homens, armas e instrumentos à frente de batalha, dando-lhe força suficiente para que derrotasse os alemães de forma tão contundente, que estes foram obrigados à rendição.
A preocupação de Clemenceau e Wilson de que novos conflitos dessa natureza pudessem surgir, após a derrota alemã, levou-os a defender a criação de uma Sociedade das Nações, para assegurar o predomínio dos vencedores, mas com a participação de todos os países, sob sua tutela" (MARTINS, Ives Gandra da Silva. O Brasil e o mundo na II Guerra Mundial. Carta Mensal da Confederação Nacional do Comércio n. 712. Rio de Janeiro: CNC, julho 2014. p. 72).

ditatoriais e democráticos, exceção feita à Rússia, que aliada da Alemanha no início do conflito, por questões estratégicas os aliados apoiaram-na, quando romperam-se os laços Hitler-Stálin, na segunda fase do conflito, gerando grave problema, cujo fruto maior foi a Guerra Fria, em parte eliminada com a queda do Muro de Berlim.[71]

A partir, todavia, do século XIX, do surgimento das diversas repúblicas e do aumento do número de países democráticos, o Direito foi sendo conformado à luz de Cartas supremas, com o aparecimento de novas diretrizes constitucionais, como as das Constituições mexicana e de Weimar.

Com a Declaração Universal dos Direitos Humanos, o espectro dos direitos individuais foram consagrados, sem prejuízo dos direitos coletivos e sociais.

Nesta brevíssima incursão pela história do Estado e do Direito, há de se perceber uma evolução na percepção das instituições e nos direitos declarados do ser humano, mas também percebe-se que a natureza humana no poder não é confiável e que o direito só é obstáculo às ditaduras, quando há oposições fortes.

As teorias não abrangentes de Rawls são aquelas que melhor caracterizam o Estado democrático, de convivência de teorias políticas não absolutas, pois as teorias abrangentes, que não admitem contestação, são próprias das ditaduras.[72]

---

71. Houve, todavia, em face da guerra fria, notável desenvolvimento tecnológico dos EUA e da Rússia, que me levou a formular uma teoria do limite crítico sobre despesas militares:
"As despesas de segurança são impulsionadoras do desenvolvimento econômico e tecnológico de uma nação, quando seus quatro componentes (mão de obra, manutenção, compras e pesquisas) realizam-se nos próprios limites soberanos, não provocando, por outro lado, déficits orçamentários cobertos por recursos inflacionários, exceção feita a aqueles déficits, cuja cobertura com recursos inflacionários, possam representar, a curto e médio prazo, efetivo incentivo econômico, ou aquelas reversões de gastos que representem superior redução de desenvolvimento nacional" (MARTINS, Ives Gandra da Silva. *Desenvolvimento econômico e segurança nacional...* cit., p. 103-104).

72. A convivência de tais teorias permite um equilíbrio a partir de uma concepção

De qualquer forma, a melhoria das instituições e do Direito são amarras para o exercício do poder, mas não alteram o dado mais relevante que a história do homem no governo tem demonstrado: ele nunca é confiável quando exerce o poder, devendo ser controlado pela lei, pelas instituições e pelas oposições, para que não se identifique de tal forma com o governo, que pense em voltar à época em que os imperadores consideravam-se os próprios descendentes dos deuses.

A história auxilia o jurista a perceber esta realidade e permite que possa, em parte, influenciar, com seus escritos, aqueles que almejam o poder, os seus detentores e o povo. Porém, são os que buscam o poder pelo poder, infelizmente, os que têm, na humana história, conduzido o mundo, até o presente.[73]

Eis porque o sonho utópico de Hegel, as fantasias filosóficas de Moore, Platão e Campanella ou a visão realista de Ortega y Gasset de que a verdade histórica corresponde aos

---

da justiça. Escreveu: "Uma sociedade bem-ordenada também é regulada por sua concepção pública da justiça. Esse fato implica que os seus membros têm um desejo forte e normalmente efetivo de agir em conformidade com os princípios da justiça. Como uma sociedade bem-organizada perdura ao longo do tempo, a sua concepção da justiça é provavelmente estável: ou seja, quando as instituições são justas (da forma definida por essa concepção), os indivíduos que participam dessas organizações adquirem o senso correspondente de justiça, e o desejo de fazer a sua parte para mantê-las. Uma concepção da justiça é mais estável que outra se o senso de justiça que tende a gerar for mais forte e tiver maior probabilidade de sobrepujar inclinações perturbadoras, e se as instituições que ela permite não fomentam impulsos e tentações tão fortes no sentido de agir de forma injusta. A estabilidade de uma concepção depende de um equilíbrio de motivos: o senso de justiça que ela cultiva e os objetivos que encoraja devem normalmente ser mais fortes que as propensões para a injustiça" (RAWLS, John. *Uma Teoria da Justiça*. São Paulo: Martins Fontes, 2000. p. 505).

73. Escrevi: "A história de todos os povos, portanto, é a história do direito que os organiza, que está em curso, que é rompido e substituído por aqueles que os governam e os guiam em direção a seu destino, conforme a maneira de ser das diversas culturas e civilizações.
Todas estas digressões são para mostrar como o jurista é um historiador em potencial e o historiador é um jurista em potencial, visto que história e direito estão umbilicalmente ligados" (MARTINS, Ives Gandra da Silva. *História, mãe do futuro*: ... cit., p. 35).

fatos que devem ser investigados com profundidade e pertinência, convergem para detectar uma realidade, que é a falência permanente do homem no poder e das instituições que nascem, vivem e morrem em velocidade fantástica em relação aos padrões do tipo de existência da vida sobre a Terra.

Por esta razão, até o presente, esta aventura longa está longe de ser bem sucedida.

O homem, em última análise, evoluiu em cultura e na criação de uma tecnologia convivencial, assim como teorizou as instituições e os ideais, mas tal evolução não mudou sua natureza e quem busca o poder, infelizmente, busca o poder pelo poder, sendo o servir ao povo efeito colateral, não necessário.

1.6. A interpretação da História, do Direito e da Filosofia

O Estado é a representação moderna da organização social primitiva que mostrava o homem como um ser gregário, condenado a viver em sociedade.[74]

O axioma latino "ubi societas, ibi jus" e "ubi jus, ibi societas" reitera que o homem em sociedade, mesmo naquelas mais rudimentares, tinha um direito que lhe dava organização de "Estado primitivo".

Ao historiador cabe investigar os fatos e descobrir os motivos que levaram os homens a assim agir no tempo, nos grupos sociais e nas lideranças de sua comunidade. Ao jurista, de que forma as regras costumeiras ou escritas são aplicadas, podendo propor soluções, mas, enquanto jurista, interpretar apenas o Direito posto. Ao filósofo, indagar, fundamentalmente, as causas, quando dedicado à Filosofia política ou do Estado, investigar por que os homens agem de determinada

---

[74]. O vocábulo "condenado" é proposital, pois a convivência de seres com inteligência e diferentes, individualmente, mostra a necessidade, de um lado, e a dificuldade de outro da convivência social.

maneira, propondo soluções ideais, na busca de alternativas possíveis para sua aventura na Terra.

Enquanto o historiador age exclusivamente no campo do "ver", o jurista no campo do "ser" – e, quando buscando soluções alternativas, de "lege ferenda", no campo do "dever ser" –, o filósofo atua, principalmente, no campo do "dever ser", caso contrário seria mais um sociólogo do que um filósofo.[75]

Ora, os campos de indagação do historiador, que narra a aventura do homem sobre a Terra, individual e socialmente; do jurista, que estuda as regras que levam uma sociedade a estar sujeita a determinado ordenamento costumeiro, mesmo que, nas necessidades primitivas, as próprias lideranças não tivessem consciência de um regramento social; e do filósofo, que busca a sociedade e o modelo de Estado ideal, a partir do

---

75. Giovanni Reale lembra que: "Mas, para que serve filosofar, hoje, num mundo onde ciência, técnica e política parecem dividir entre si os poderes, num mundo onde cientistas, técnicos, políticos, transformados em novos magos, movem todos os fios?
O propósito, a nosso ver, continua sendo o mesmo que a filosofia teve desde a origem: desmitizar. Os antigos mitos eram os da poesia, da fantasia, da imaginação; os novos mitos são os da ciência, da técnica e das ideologias, vale dizer, os mitos do poder.
É certo que se trata de uma desmitização muito mais difícil do que a antiga. Com efeito, nas origens, bastou que a filosofia contrapusesse o logos à fantasia para destruir os mitos da poesia; ao invés, os novos mitos de hoje são construídos com a própria razão, pelo menos em grande parte. Ciência e técnica se apresentam como o triunfo da razão.
Mas trata-se de uma razão que, uma vez perdido o sentido da totalidade, uma vez que se elevem as "partes" ao lugar do "todo", periga fazer sucumbir o sentido de si mesma.
E, então, a tarefa da filosofia será, hoje, contestar o "cientismo" que inspira as ciências e a maioria dos cientistas (e que só a epistemologia contemporânea procura, em parte, redimensionar). Da matriz da filosofia ocidental, como bem se sabe, nasceram as várias ciências ocidentais; mas, depois, muito amiúde essas ciências pretenderam tomar o lugar da mãe: não souberam ser elas mesmas, única e exclusivamente elas mesmas, ou seja, compreensão limitada (e limitante) de determinado setor da realidade, e muitas vezes quiseram estender além do seu âmbito suas categorias, de valor delimitado e determinado, à totalidade das coisas e ao sentido último da vida" (REALE, Giovanni. *História da Filosofia Antiga*. v. I. São Paulo: Loyola, 1993. p. 3-4).

conhecimento das insuficiências próprias do ser humano, são, portanto, diferentes. Mas, necessariamente, o jurista não pode desconhecer a história e a Filosofia; o historiador, o Direito e a Filosofia; e o filósofo político, o Direito e a História.

Por esta razão, a interpretação de História, do Direito e da Filosofia convivem, com regras hermenêuticas próprias, mas também regras comuns.[76]

A interpretação da pesquisa histórica é necessariamente uma interpretação sistemática. O exame dos fatos narrados e documentais, o contexto da época investigada e dos valores que permeavam as sociedades, toda a espécie de informação possível de obter, inclusive utilização de elementos de outras Ciências (por exemplo, a Astronomia para saber como determinados fenômenos do sistema solar influenciaram épocas; da Química para, com o carbono 14 determinar possíveis acontecimentos em determinadas épocas da aventura humana, da Linguística para conseguir detectar as diversas escritas dos diversos países e seus documentos, a Climatologia para determinar como o clima influenciou migrações das aves e dos homens; da Medicina para saber como determinadas pestes

---

[76]. Kelsen justificava sua redução do campo de indagação do direito à norma e não a justiça (conceito filosófico) dizendo: "Libertar o conceito de Direito da idéia de justiça é difícil porque ambos são constantemente confundidos no pensamento político não científico, assim como na linguagem comum, e porque essa confusão corresponde à tendência ideológica de dar aparência de justiça ao Direito positivo. Se Direito e justiça são identificados, se apenas uma ordem justa é chamada de Direito, uma ordem social que é apresentada como Direito é – ao mesmo tempo – apresentada.como justa, e isso significa justificá-la moralmente. A tendência de identificar Direito e justiça é a tendência de justificar uma dada ordem social. uma tendência política, não científica. Em vista dessa tendência, o esforço de lidar com o Direito e a justiça como dois problemas distintos pode cair sob a suspeita de estar repudiando inteiramente a exigência de que o Direito positivo deva ser justo. Essa exigência é evidente por si mesma, mas o que ela realmente significa é outra questão. De qualquer modo, uma teoria pura do Direito, ao se declarar incompetente para responder se uma dada lei é justa ou injusta ou no que consiste o elemento essencial da justiça, não se opõe de modo algum a essa exigência.
Uma teoria pura do Direito – uma ciência – não pode responder a essas perguntas porque elas não podem, de modo algum, ser respondidas cientificamente" (KELSEN, Hans. *Teoria geral do direito e do estado*. São Paulo: Martins Fontes, 2000. p. 9).

– a peste negra por exemplo – assolaram um continente dizimando populações, e todas as outras Ciências que dizem respeito à evolução do homem em sociedade. Tudo isto conforma a história das civilizações.[77]

Exemplo típico é a batalha de Kadesh em que os historiadores, até meados do século passado, entendiam ter sido uma fantástica vitória de Ramsés II sobre Muwatali III dos hititas, à luz do documento existente à época, escrito por um poeta egípcio, que exaltou como Ramsés II voltara vitorioso ao Egito.

Foi só após o encontro do tratado de paz entre Ramsés II e Muwatalli III, que se percebeu, pelas concessões dos egípcios, cessão de território e concordância de uma das filhas do faraó ser dada em casamento a Muwatalli III, que, em rigor, percebe-se que o vitorioso foi o rei hitita.

É que a escrita hitita só foi decifrada, em face de ter sido o tratado escrito em dois idiomas e, por intermédio dos hieróglifos descodificados por Champollion, foi possível conhecer o conteúdo da escrita hitita e descobrir a extraordinária história deste povo que durante 800 anos teve uma civilização com um rígido ordenamento jurídico e permanência sem turbação, em seu espaço geográfico. Foi o primeiro povo, que, de rigor, dominou, no próximo Oriente, a produção do ferro, o que lhe dava fantástica vantagem nos combates com os outros.[78]

---

77. Ruth Whitehouse e John Wilkins escrevem: "Civilização, então, é o nome que damos a um fenômeno que ocorre ao nosso redor: a natureza e a estrutura de nossa própria forma de sociedade. A busca por uma definição estrita certamente seria pouco gratificante, mas é preciso explorar algumas sugestões antes de continuar.
Uma boa maneira de enfrentar nossos preconceitos em relação a qualquer tópico é considerar as implicações do uso que fazemos das palavras. A palavra "civilização", por exemplo, como ocorre com "civil" e "civilizado", deriva do latim civis: cidadão. Outras palavras que têm relação com estas, como "urbano" e "urbanização", provêm do latim urbe: cidade. Alguns termos aplicados às práticas oficiais da sociedade civilizada, como "política", "político", e "polícia", inclusive, derivam do grego polis, que também quer dizer cidade. Ao longo da história, a julgar pelo que essas palavras significam, temos considerado A civilização como essencialmente a vida nas cidades" (GOWLETT, John. Op. cit., p. 5).
78. *"Engañado por los beduinos, creyó que los hititas habían abandonado Kadesh,*

O ESTADO À LUZ DA HISTÓRIA, DA FILOSOFIA E DO DIREITO

A interpretação literal considerada no Direito, também o é para os documentos históricos, onde o conjunto dos elementos que permitem compreender os fatos e sua regulação jurídica assemelham-se às pesquisas, que devem prevalecer na investigação histórica. O intérprete não pode adotar conotações ideológicas, pois deixa de ser historiador ou de ser jurista para se tornar um político.

Por essa razão, no Brasil, a denominada "Comissão da Verdade", composta por NÃO HISTORIADORES, para investigar apenas um determinado período da história e condenar os adversários de seus membros, considerando, no passado de guerrilha, somente os atentados praticados por militares, evitando aqueles praticados pelos guerrilheiros, – alguns terroristas foram responsáveis por sacrifício de civis – à evidência, nada teve de histórica, nem de verdadeira, exteriorizando, de rigor, uma visão política dos que chegaram ao poder, que compuseram a comissão.[79] Nada menos verdadeiro, do

---

retirándose hacia el N. Pasó el vado de Shubtuna con el ejército de Amón, para tomar facílmente la ciudad; el resto del ejército quedó atrás. Los hititas y sus aliados, ocultos al otro lado de la ciudad, seguían paso a paso los movimientos de las tropas egipcias. Cuando llegó el ejército de Ra, se precipitaron sobre los egípcios, quienes sorprendidos huyeron hacia el campamento que había instalado R.; prevenido éste por los fugitivos, se enfrentó con su guardia personal a los coligados, dando de esta manera tiempo a que llegaran las tropas de refuerzo. Gracias a su coraje, logró rehacer los ejércitos de Amón y Ra, enderezando la situación y transformando en relativa victoria lo que habría podido ser uma gran derrota" (Gran Enciclopédia Rialp, tomo XIX, Ediciones RIALP, Madrid, 1984, p. 659).

79. Escrevi: "A COMISSÃO DA VERDADE E A VERDADE HISTÓRICA, (artigo publicado no jornal O Estado de São Paulo – 26/05/2012).
Depois de muita expectativa – e com grande exposição na mídia – foi constituída Comissão para "resgatar a verdade histórica" de um período de 42 anos da vida política nacional, objetivando, fundamentalmente, detectar os casos de tortura na luta pelo poder.
A história é contada por historiadores, que têm postura imparcial ao examinarem os fatos que a conformaram, visto serem cientistas dedicados à análise do passado. Os que ambicionam o poder fazem a história, mas, por dela participarem, não têm a imparcialidade necessária para a reproduzir.
A Comissão da Verdade não conta, em sua composição, com nenhum historiador capaz de apurar, com rigor científico, a verdade histórica da tortura no Brasil, de 1964 a 1988.
O primeiro reparo, portanto, que faço à sua constituição é que "não historiadores"

foram encarregados de contar a história daquele período. Conheço seis dos sete membros da Comissão e tenho por eles grande respeito, além de amizade com alguns. Não possuem, no entanto, a qualificação científica para o trabalho que lhes foi atribuído.
O segundo reparo é que estiveram envolvidos com os acontecimentos daquele período. Em debate com o ex-deputado Ayrton Soares, em programa de Mônica Waldvogel, perguntou-me o amigo e colega – que defendia a constituição de Comissão para essa finalidade, enquanto eu não via necessidade de sua criação – se participaria dela, se eu fosse convidado. Disse-lhe que não, pois, apesar de ser membro da Academia Paulista de História, estive envolvido nos acontecimentos. Inicialmente, dando apoio ao movimento para evitar a ameaça de ditadura e garantir as eleições de 1965, como, de resto, fizeram todos os jornais da época. No dia 2 de setembro de 1964, o jornal "O Globo", em seu editorial, escrevia: "Vive a nação dias gloriosos. Porque souberam unir-se todos os patriotas, independentemente de vinculações políticas, simpatias ou opinião sobre problemas isolados para salvar o que é essencial à democracia, a lei, a ordem".
A partir do Ato Institucional n. 2/65, que suprimiu as eleições daquele ano, opus-me a ele, ao ponto de, em 13 de fevereiro de 1969, ter sido pedido o confisco de meus bens e a abertura de um inquérito policial militar sobre minhas atividades de advogado, por defender empresa que não agradava ao regime. O mais curioso é que continuei como advogado, tendo derrubado a prisão de seus diretores, no Supremo Tribunal Federal, em 1971, por 5 x 3, à época em que os magistrados não se curvavam ao poder da mídia ou dos detentores do poder. Embora arquivados, os dois pedidos, o fato de ter sido anunciada a abertura do processo contra mim, pelos jornais, com grande sensacionalismo, tive minha advocacia abalada por alguns anos. Nem por isto, pedi indenizações milionárias ao governo atual e nem pedirei. À época, apoiei a Anistia Internacional, tendo entrado para seus quadros sob a presidência de Rodolfo Konder e fui conselheiro da OAB/SP por 6 anos, antes da redemocratização. À evidência, faltar-me-ia, por mais que quisesse ser imparcial, a tranquilidade necessária para examinar os fatos com isenção. Envolvidos da época não podem adotar uma postura neutra, ao contar os fatos históricos de que participaram.
O terceiro reparo é que alguns de seus membros pretendem que a verdade seja seletiva. Tortura praticada por guerrilheiro não será apurada, só a que tenha sido levada a efeito por militares e agentes públicos. O que vale dizer: lança-se a imparcialidade para o espaço, dando a impressão que guerrilheiro, quando tortura, pratica um ato sagrado; já os militares, um ato demoníaco. Bem disse o vice-presidente da República, professor Michel Temer, em São Paulo, no dia 17/05/2012, que os trabalhos da Comissão devem ser abrangentes e devem procurar descobrir os torturadores dos dois lados.
O quarto reparo é que muitos guerrilheiros foram treinados em Cuba, pela mais sangrenta ditadura das Américas no Século XX. Assassinou-se, sem direito a defesa, nos paredões de Fidel Castro, mais pessoas que na ditadura de Pinochet, onde também houve muitas mortes sem julgamento adequado. Um bom número de guerrilheiros não queria, pois, a democracia, mas uma ditadura à moda cubana. Radicalizaram o processo de redemocratização a tal ponto, que a imprensa passou a ser permanentemente censurada. Estou convencido que, este radicalismo e os ideais da ditadura cubana que os inspirou, apenas atrasaram o processo de

ponto de vista do curso da história, que esta "Comissão da Verdade", razão pela qual pouca repercussão teve o seu "trabalho", mais problemas causando ao governo, que soluções. Indiscutivelmente, nada foi mais sacrificado na conclusão final da "Comissão da Verdade" que a verdade histórica de uma época.

A interpretação histórica exige, portanto, autonomia de avaliação, imparcialidade de julgamento dos dados investigados e, fundamentalmente, profundidade na análise direta de todos os fatos, dos atos e acontecimentos de um determinado período e dos fatores que levaram à ação de seus protagonistas, para que se possa conhecer, no tempo, de que forma funcionaram os governos e agiram os próprios formuladores do Direito.

À evidência, a solução dos barões, em 1214, contra João Sem Terra, é um fato histórico, cuja substância jurídica foi consagrada na "Magna Carta Baronorum".[80] E todos os fato-

---

redemocratização e dificultaram uma solução acordada e não sangrenta.
O quinto aspecto, que me parece importante destacar, é que, a meu ver, a redemocratização deveu-se ao trabalho da OAB, que se tornou a voz e os pulmões da sociedade. Liderada por um brasileiro da grandeza de Raimundo Faoro, conseguiu, inclusive, em pleno período de exceção, com apoio dos próprios guerrilheiros, aprovar a lei da Anistia (1979), permitindo, pois, que todos voltassem à atividade política. A OAB, substituindo as armas de fogo pela arma da palavra, deu início à verdadeira redemocratização do país.
Por fim, num país que deveria olhar para o futuro, em vez de remoer o passado - tese que levou guerrilheiros, advogados e o próprio governo militar a acordarem a Lei de Anistia, colocando uma pedra sobre aqueles tempos conturbados – a Comissão é inoportuna.
Parafraseando Vicente Rao: esta volta ao pretérito parece ser contra o "sistema da natureza, pois para o tempo que já se foi, fará reviver as nossas dores, sem nos restituir nossas esperanças" (RÁO, Vicente. *O Direito e a vida dos direitos*. São Paulo: Editora Revista dos Tribunais, 2004. p. 389).
Estou convencido que tudo o que ocorreu, no passado, será, no futuro, contado com imparcialidade, mas não pela Comissão, mas por historiadores, que saberão conformar para a posteridade a verdade histórica de uma época".

80. Canotilho ensina: "As respostas à primeira interrogação podem sintetizar-se em três tópicos: (1) garantia de direitos adquiridos fundamentalmente traduzida na garantia do "binómio subjectivo" liberty and property; (2) estruturação corporativa dos direitos, pois eles pertenciam (pelo menos numa primeira fase) aos indivíduos enquanto membros de um estamento; (3) regulação deste.; direitos e desta

res que levaram à revolta dos barões contra os desmandos do irmão de Ricardo Coração de Leão – morto prematuramente –, serviram como elementos para o Direito da época, que terminou servindo de semente para a Câmara dos Lordes e, mais tarde, para a Câmara dos Comuns e instalação do regime parlamentar na Inglaterra, em 1688, com a dinastia dos Orleans e o "Bill of Rights" (1689).

Por isto, o intérprete do Direito não pode desconhecer toda a integração histórica que leva à adoção ou não de um determinado ordenamento constitucional para uma determinada comunidade.

É um pobre jurista aquele que desconhece a história, fonte das lições que a maioria dos políticos teima em não aprender.[81]

---

estruturação através de contratos de domínio (Herrschafisvertrilge) do tipo da Magna Charta. A evolução destes momentos constitucionais — eis a resposta à segunda interrogação — desde a Magna Charta, de 1215, à Petition of Rights, de 1628, do Habeas Corpus Act, de 1679, ao Bill of Rights, de 1689, conduzirá à sedimentação de algumas dimensões estruturantes da "constituição ocidental". Em primeiro lugar, a liberdade radicou-se subjectivamente como liberdade pessoal de todos os ingleses e como segurança da pessoa e dos bens de que se é proprietário no sentido já indiciado pelo art. 39.º da Magna Charta. Em segundo lugar, a garantia da liberdade e da segurança impôs a criação de um processo justo regulado por lei (due process of law), onde se estabelecessem as regras disciplinadoras da privação da liberdade e da propriedade" (CANOTILHO, José Joaquim Gomes. *Direito constitucional e teoria da constituição*. 3. ed. Coimbra: Almedina, 1999. p. 51-52).

81. É ainda Canotilho que ensina: "Constitucionalismo é a teoria (ou ideologia) que ergue o princípio do governo limitado indispensável à garantia dos direitos em dimensão estruturante da organização político-social de uma comunidade. Neste sentido, o constitucionalismo moderno representará uma técnica específica de limitação do poder com fins garantísticos. O conceito de constitucionalismo transporta, assim, um claro juízo de valor.
É, no fundo, uma teoria normativa da política, tal como a teoria da democracia ou a teoria do liberalismo.
Numa outra acepção – histórico-descritiva – fala-se em constitucionalismo moderno para designar o movimento político, social e cultural que, sobretudo a partir de meados do século XVIII, questiona nos planos político, filosófico e jurídico os esquemas tradicionais de domínio político, sugerindo, ao mesmo tempo, a invenção de uma nova forma de ordenação e fundamentação do poder político. Este constitucionalismo, como o próprio nome indica, pretende opor-se ao chamado constitucionalismo antigo, isto é, o conjunto de princípios escritos ou consuetudinários alicerçadores da existência de direitos estamentais perante o monarca e simultaneamente

A interpretação do Direito, todavia, deve ser uma interpretação fundamentalmente do que escrito está ou da jurisprudência dos órgãos julgadores, no Direito costumeiro, ou seja, do que tem sido aplicado no tempo, como soluções de justiça e de hábitos consagrados.

A crítica de Francisco Ferrara, de que não cabe ao jurista, segundo suas preferências, colocar na lei o que na lei não está, nem dela tirar o que contém, por discordância, é que deve nortear o trabalho do verdadeiro jurista. Enquanto doutrinador, pode propor soluções aos poderes constituídos para mudar o ordenamento, mas, enquanto intérprete da lei, é um escravo do que nela está escrito.

Exemplo típico foi dado pelo exemplar Ministro José Neri da Silveira que, ao dirimir conflito entre os Estados de Rondônia e do Acre, apesar de pender, pessoalmente para dar ao Acre o território disputado, pois todos os antecedentes históricos mostravam tratar-se de área que sempre estivera sob o controle daquele Estado, na sua decisão adotou o texto frio da Constituição que dava à Rondônia aquele território. Sua preferência pessoal não prevaleceu sobre a rígida interpretação da lei, feita por aquele jurista e magistrado que honrou a tradição do Supremo Tribunal Federal, como um dos mais ínclitos Ministros que pelo Pretório Excelso passou.[82]

---

limitadores do seu poder. Estes princípios ter-se-iam sedimentado num tempo longo – desde os fins da Idade Média até ao século XVIII" (Idem, p. 47-48).

82. Fátima Fernandes Rodrigues de Souza ensina: "A partir dessa observação, o Tribunal, analisando detidamente as tratativas que deram origem à contratação do IBGE para a realização do levantamento, bem como seus fundamentos resultados e a ausência de entendimento entre os Estados envolvidos, entendeu legítima a atitude do Constituinte de dar à pendência solução definitiva, nos termos do § 52 do art. 12 do ADCT, na linha do parecer apresentado pelo Estado de Rondônia, como se vê do seguinte trecho do Acórdão: "Em parecer que emitiu acerca do art. 12 § 52 do ADCT de 1988, o ilustre professor Ives Gandra da Silva Martins observa: "A exegese do dispositivo mostra a inexistência de qualquer encaminhamento procedimental para a pendência de divergências, antes impondo um encerramento ao procedimento adotado até aquele momento em que a Constituição foi promulgada.
Enquanto todos os quatro (4) parágrafos e o 'caput' do artigo são dedicados a um compromisso procedimental para a solução futura de pendências, o § 5º institui a solução presente de um procedimento passado, aceitando, como válidos, os limites

A interpretação, portanto, do jurista, que deve ser como a do historiador ampla, sistemática, abrangente, não pode fugir, todavia, da verdade do texto legal, muito embora tenha, como o historiador, na dúvida suscitada pelos textos, nos conflitos exegéticos que se apresentam e em face de redações imprecisas, buscar a verdade material escondida detrás das regras existentes, à luz dos elementos disponíveis.

Não sem razão, a elaboração legislativa, que se torna de mais em mais insuficiente, à medida em que a complexidade social se acentua, exige do jurista um aprofundamento maior para buscar, nos conflitos de textos e no conflito das fontes, o conteúdo pertinente àquela realidade jurídica adotada para uma determinada comunidade.

É por esta razão que se pode dizer que a "segurança" do Direito é dada pelo texto legal, mas a "certeza" de como deve ser aplicado tem a colaboração do jurista, em sua interpretação, e a palavra final do Poder Judiciário, que é quem, de forma definitiva, esclarece a exata aplicação da norma geral ao caso concreto.[83]

Exercem funções complementares às atividades um do outro, o historiador e o jurista, com técnicas de investigação semelhantes e diversas, mas nem é bom historiador aquele que, para uma determinada época, não conhece, nem compreende o Direito que a rege, nem é bom jurista aquele que

---

decorrentes de levantamento cartográficos e geodésicos existentes naquele momento. Toma-os por outro lado, definitivos na pendência entre os Estados referidos – e para efeitos deste parecer – definitivos os limites entre os Estados de Rondônia e do Acre. A leitura do § 5º não permite qualquer veleidade exegética. Os limites indicados pelo IBGE, a partir de sua eleição para o levantamento, por decisão de uma Comissão Tripartite, são aqueles que ficaram definitivamente reconhecidos, sem possibilidade de contestação ou alteração por parte da referida Comissão, em face da clareza da dicção legislativa" (ROSAS, Roberto Rosas; AMARAL, Antonio Carlos Rodrigues do. VELLOSO, Carlos Mário da Silva. *Princípios constitucionais fundamentais*. Estudos em homenagem ao prof. Ives Gandra da Silva Martins. São Paulo: Lex Editora, 2005. p. 409-410).

83. Carlos Aurélio da Motta em sua tese de livre docência para a UNESP, de cuja banca participei, explicita, à saciedade, esta diferença entre "segurança" e "certeza".

descarta a história dos fatos, não se aprofundando nas razões que levaram a prevalecer a norma e a forma de sua aplicação.[84]

O filósofo, por fim, especula, sem quaisquer fronteiras à suas reflexões, sobre todos os aspectos sociais, procurando dar-lhes sentido.

1.7. A importância da divisão dos poderes, à luz da Filosofia Política e da História

Neste breve estudo em 12 partes, em que vinculo a tríplice investigação histórica, filosófica e jurídica, volto ao tema de minha permanente reflexão sobre o exercício do poder e a necessidade de organização social, na aventura humana sobre a Terra.

Não sei se, no futuro, será ou não será viável que essa aventura se estenda a outros planetas, admitindo-se que a velocidade da luz possa ser ultrapassada, sem afetar a estrutura corporal e que haja condições de vida fora da via láctea, uma das dezenas de bilhões de galáxias do universo, cujo raio presumível é 30.000 milhões de anos luz. Ao cuidar de organização social, refiro-me à tripartição de poderes.[85]

---

84. Carlos Maximiliano lembra: "O intérprete é o renovador inteligente e cauto, o sociólogo do Direito. O seu trabalho rejuvenesce e fecunda a fórmula prematuramente decrépita, e atua como elemento integrador e complementar da própria lei escrita. Esta é a estática, e a função interpretativa, a dinâmica do Direito (3).
Em França, as mais das vezes a jurisprudência criadora precedeu a legislação; daí o prestígio da frase de Celice – "o legislador é antes uma testemunha que afirma a existência do progresso do que um obreiro que o realiza" (MAXIMILIANO, Carlos. *Hermenêutica e aplicação do Direito*. 9. ed. Rio de Janeiro: Forense, 1979. p. 12).

85. É interessante notar que nem todos os especialistas aceitam a tese do "Big Bang":
"Em oposição a estas teorias, que preveem uma origem no tempo, está a teoria revolucionária da "criação contínua" defendida por F. Hoyle, T. Gold e H. Bondi, de Cambridge: de acordo com ela a fuga das galáxias não implica uma rarefacção da matéria no espaço, pois que matéria nova está sendo continuamente criada no espaço intergaláctico compensando exactamente desta maneira o resultado da expansão, mantendo-se assim o U. imutável no tempo. Nestas circunstâncias, as galáxias que formam o U. não têm a mesma idade, umas serão de formação recente, outras muito antigas. Tanto às teorias evolucionistas como às estacionárias se

Já havia tal tripartição embrionária em Atenas. Rudimentar e elitista, entretanto, lá existia uma assembleia de um povo civilizado – as pessoas sem direito a voto e os escravos, porém, eram a grande maioria – com um órgão julgador e um executivo escolhido, nos tempos da democracia ateniense. É de se lembrar que Péricles dominou-a por 20 anos, Aristides foi exilado, Sócrates condenado a morte e, por um bom período, Pisistrato foi ditador, impondo sua vontade sobre os poderes pela polis constituídos, mas com impressionante aceitação pela população.

É, embora sempre indesejáveis, nem sempre as ditaduras são desastrosas, lembrando eu, no meu estudo para "Uma breve introdução ao poder", que nem sempre a legalidade gera legitimidade e nem sempre ilegitimidade gera ilegalidade. O fenômeno, todavia, da legitimidade de regimes ilegais é incomensuravelmente mais raro do que o da legitimidade dos regimes legais, sendo ainda a democracia de acesso, que o mundo conhece, o menos ruim dos sistemas de ascensão ao poder, pela história conhecidos.[86]

---

podem pôr objecções; os pontos fracos que umas e outras apresentam só poderão ser removidos quando possuirmos informações mais precisas sobre a densidade do U., sobre as matérias intergaláxicas e ainda sobre as galáxias e cúmulos de galáxias. De posse destes elementos poderemos então ter um modelo do U. que melhor se ajuste à realidade e decidir entre as teorias evolucionistas e estacionárias" (VERBO. Op. cit., p. 499).

86. Escrevi: *"Es evidente que dicha formulación reduce el problema de las opciones entre regímenes democráticos y regímenes de fuerza, cuya alternancia en la existencia de los países es de espantosa rutina y regularidad, a una pregunta formal. La oposición apenas será superable en la medida en que la legitimidad se realice a partir de una educación popular en el conocimiento más profundo de las inmutables normas del Derecho natural y de los gobernantes que su extefiorización, Derecho positivo, se haga lo más cercano posible de aquella realidad anterior y duradera. Claro está que prefiero, por formación liberal que inclusive me llevó a la presidencia del extinto Partido Libertador en la capital paulista, que la conjunción de legitimidad de poder aspiraciones nacionales nevadas, a la luz del Derecho natural, se haga por vias democráticas. Entiendo, todavia, que ésta no es la única forma de legitimización, en términos de contenido real, solamente posible en medida en que la conjunción referida se concretice, aun más difícil pues el dictador en la mayoría de las veces, para negar a él, lo hizo exactamente bajo principios del Derecho natural. Recordemos, todavia, que Pisístrato fue un dictador ateniense a quien et pueblo idolatraba"* (MARTINS, Ives Gandra da Silva. *Una breve introducción al derecho*. Op. cit., p. 176).

Neste ponto se insere a questão da separação dos poderes.

Montesquieu, de rigor, não formulou a teoria da separação, apenas esclarecendo seu mecanismo, aperfeiçoando sua motivação e explicitando-a, a partir de um estudo sobre a natureza do poder, ao longo da história da sociedade organizada. Fundamentalmente, utilizou-se das reflexões feitas sobre a sociedade civil pelo inglês Locke, o qual, de rigor, beneficiou-se, em seus estudos, de um sistema de governo que, após a Carta Magna Baronorum, ainda era o melhor da Europa – não obstante as lutas dramáticas, o curto episódio de Cromwell, porém, com indiscutível evolução das formas de governo, desde a introdução do parlamentarismo na Inglaterra (1688).[87]

Locke foi o grande inspirador de Montesquieu que, ao formular com clareza, no "Do espírito das leis", a tripartição

---

[87]. Em meu livro "O que é Parlamentarismo Monárquico" (MARTINS, Ives Gandra da Silva. *O que é parlamentarismo monárquico*. Coleção Primeiros Passos 270. São Paulo: Editora Brasiliense, 1993. p. 68-69) escrevi: "A proposta do Movimento Parlamentar Monárquico, nos instrumentos de controle de Gabinete, introduz algumas inovações sobre a proposta do parlamentarismo republicano.
Entendem, seus seguidores, que o Rei é um Chefe de Estado, que não cria problemas para o Chefe de Governo, visto que não disputa com ele qualquer espaço político.
No parlamentarismo republicano, o Presidente eleito diretamente pelo povo tem sempre mais expressão política que o Primeiro Ministro e, em momento de crise, pode deflagrar processo de reformulação do sistema de governo. A França viveu esta experiência nos choques entre Chirac e Mitterand, quando aquele era Primeiro Ministro, com filosofia de governo diversa do Presidente francês. Na eleição indireta, o nível da crise pode ser reduzido, posto que, o Chefe de Estado tem mandato certo, enquanto que o do Chefe de Governo, incerto. Assim, aquele passa a representar a nação e não mais seu partido político, podendo, inclusive, conviver com Gabinete formado por elementos, que se oponham à postura de seu partido, sem ter, todavia, a força de um Presidente eleito diretamente pelo povo.
Os atritos podem não ocorrer, contudo, em face de ser o Chefe de Estado um político originário da mesma estrutura política que elege o Chefe de Gabinete.
Nesta inexistência de oposição entre os dois chefes, reside a tranquilidade maior das monarquias do século 20.
Compreende-se também que, na Inglaterra, país onde nasceu o Parlamentarismo, a Câmara Alta (Câmara dos Lordes) não tenha influência nas decisões, na medida em que são nobres os seus componentes. Desde a separação do Parlamento britânico em dois, graças ao estadista Simon de Monfort em 1254 – sendo que à Câmara dos Comuns se ascendia por eleição e à Câmara dos Lordes pela sucessão hereditária – que as sementes da separação natural estavam lançadas".

dos poderes, criticado que foi à época, disse que o fazia a partir da mais correta das premissas que um filósofo pode adotar ao examinar a figura do detentor do poder, ou seja, que "o homem no poder nunca é confiável". Por isto, dizia Montesquieu, é necessário que o poder controle o poder para que abusos sejam evitados.

À época, esse pensamento foi muito criticado, sob o argumento de que poder dividido não é poder e a unidade do poder não poderia admitir divisão. É interessante notar que, em seu país, a rígida divisão de poderes por ele imaginada até hoje não foi seguida. O Poder Judiciário é um órgão da administração pública, atua com autonomia e razoável independência. A própria corte constitucional é denominada de Conselho Constitucional da França, uma denominação mais própria da administração do que de Poder Judiciário.

O certo é que a premissa maior adotada por Montesquieu para definir que o poder deve controlar o poder, reside em que cada uma das três casas do poder, com autonomia e independência, nas matérias que lhe são pertinentes, executam um trabalho harmônico e segmentado, para garantia, nos regimes democráticos, da sociedade organizada.

No Brasil, o art. 2º da Lei Suprema assegura esta independência, autonomia e harmonia entre os três poderes, com funções bem delimitadas na Lei Suprema para o Poder Legislativo (arts. 44 a 75), abrangendo o Tribunal de Contas, para o Poder Executivo (arts. 76 a 91), e para o Poder Judiciário (arts. 92 a 126), com as duas funções essenciais à administração da Justiça (Ministério Público e Advocacia) conformadas nos arts. 127 a 135.[88]

---

88. Os arts. 2º, 44, 76, 92, 127 e 133 estão assim redigidos:
Art. 2º São Poderes da União, independentes e harmônicos entre si, o Legislativo, o Executivo e o Judiciário.
Art. 44. O Poder Legislativo é exercido pelo Congresso Nacional, que se compõe da Câmara dos Deputados e do Senado Federal.
Parágrafo único. Cada legislatura terá a duração de quatro anos.
Art. 76. O Poder Executivo é exercido pelo Presidente da República, auxiliado pelos Ministros de Estado.

Assim sendo, cabe ao Poder Executivo, com quadros maiores que os dos outros poderes, administrar a sociedade, sujeito às leis definidas pelo Poder Legislativo, pertinindo ao Poder Judiciário, no controle difuso e no controle concentrado, decidir sobre a constitucionalidade ou não das leis e dirimir as divergências no conflito de entendimento de normas e dos fatos.

O Poder Executivo representa sempre uma parte da nação com direito a voto, nos regimes democráticos. Nos países em que há seguidos turnos de eleições diretas, nem sempre representa a maioria da nação, não alcançada no primeiro turno.

Por exemplo, a presidente Dilma, no Brasil, para seu mandato de 2015/2018, só foi sufragada por 38% dos eleitores inscritos, o que vale dizer: 62% dos eleitores inscritos não votaram nela.

Normalmente, quem ganha, nos sistemas presidenciais de governo, a eleição para o Poder Executivo tem apenas a situação de seu lado e com ela governa, pois a oposição fica sempre fora do Poder Executivo. Mesmo nos sistemas parlamentares de governo, isto ocorre, principalmente, nos sistemas de parlamentarismo puro, como o inglês, que lhe deu origem. Quem ganha em determinado distrito fica com a

---

Art. 92. São órgãos do Poder Judiciário:
I - o Supremo Tribunal Federal;
I-A o Conselho Nacional de Justiça;
II - o Superior Tribunal de Justiça;
III - os Tribunais Regionais Federais e Juízes Federais;
IV - os Tribunais e Juízes do Trabalho;
V - os Tribunais e Juízes Eleitorais;
VI - os Tribunais e Juízes Militares;
VII - os Tribunais e Juízes dos Estados e do Distrito Federal e Territórios. (...)
Art. 127. O Ministério Público é instituição permanente, essencial à função jurisdicional do Estado, incumbindo-lhe a defesa da ordem jurídica, do regime democrático e dos interesses sociais e individuais indisponíveis. (...)
Art. 133. O advogado é indispensável à administração da justiça, sendo inviolável por seus atos e manifestações no exercício da profissão, nos limites da lei.

totalidade de votos, não havendo um sistema de representação proporcional.[89]

No Poder Legislativo, todavia, 100% da nação ou da esmagadora maioria dos eleitores estão representados – só os que não votam na eleição, sendo eleitores, não estão – com o que as Casas Legislativas têm a configuração real da nação, com situação e oposição. Por isto, como mostrarei, mais adiante, os sistemas parlamentares são mais estáveis, visto que os gabinetes executivos são escolhidos pelo Poder Legislativo, representando a esmagadora maioria da população.

O Poder Judiciário é um poder técnico. Não deve exercer funções de legislador positivo, substituindo o Poder Legislativo, quando o considera omisso, pois não foi eleito pelo povo. É um poder integrado por técnicos habilitados, escolhidos por concurso público ou por notável e notória atuação na área, razão pela qual está, mais do que os outros poderes, habilitado a definir se uma lei é ou não é constitucional, pode ou não pode ser aplicada.

Tecnicamente, sempre se teve o Poder Judiciário como um legislador negativo, isto é, não dá curso às leis que violam a Constituição Federal, mas não pode substituir o Poder Legislativo ou o Poder Executivo na formulação legislativa.[90]

---

89. Leia-se Liphart "Democracies" (LIJPHART, Arend. *Democracies*. New Haven. CN: Yale University Press, 1984).

90. Celso Ribeiro Bastos escreve: "A função jurisdicional só se independentizou das demais no século XVIII com a prevalência da teoria de Montesquieu consistente já agora na clássica separação do poder. Para Montesquieu, o Poder Judiciário não configurava um poder estatal, na plena acepção da palavra. Na sua distribuição de poderes entre diferentes órgãos, visando garantir de modo mais eficaz o asseguramento da liberdade do indivíduo, através da democratização do poder e da participação do povo em todos os assuntos do Estado, o lugar reservado ao Poder Judiciário era o de mero executante da lei. Montesquieu, que conhecia bem o papel, de certa forma nefasto, dos parlamentos judiciais vigorantes no regime antigo – as monarquias, com seus despotismos monárquicos –, não configurou um Poder Judicial que funcionasse independentemente da lei. Pelo contrário, ao mesmo tempo em que se preocupava com a distribuição de funções em diferentes órgãos para que o poder freasse o poder, quis, também, que o Poder Judiciário ficasse submetido

O ESTADO À LUZ DA HISTÓRIA, DA FILOSOFIA E DO DIREITO

A harmonia e a independência dos poderes depende deste mútuo respeito à área de atuação de cada poder, não se justificando qualquer transgressão a esse princípio, sem que daí resulte uma convivência espúria de funções nas áreas uns dos outros, tornando o Direito inseguro e incerto.

A Constituição brasileira não permite esta interversão, seja no art. 2º já examinado atrás, seja no art. 49, inciso XI, com a seguinte dicção:

> Art. 49. É da competência exclusiva do Congresso Nacional: (...)
>
> XI - zelar pela preservação de sua competência legislativa em face da atribuição normativa dos outros Poderes; (...)[91]
>
> que dá ao Poder Legislativo o direito de zelar, por sua prerrogativa e, via decretos legislativos, suspender a eficácia de atos maculadores de sua competência, no âmbito de sua especial área de atuação legislativa, único poder político a representar a totalidade da nação (situação e oposição).

E, se conflito houver entre os poderes, caberá às forças armadas, pelo art. 142 da CF, intervir para assegurar a ordem e a lei. Se o conflito for entre o Poder Executivo e qualquer outro poder, devem ser comandadas, não pelo Presidente da

---

integralmente ao império da lei (legalidade)" (MARTINS, Ives Gandra da Silva; BASTOS, Celso. Comentários à Constituição do Brasil. v. 1. São Paulo: Saraiva, 1997. p. 1).

91. É ainda Celso Bastos quem afirma: "Esse preceito é um tanto enigmático. Embora encerre princípio perfeitamente recomendável, que haja zelo, proteção, cautela, com relação à preservação da faculdade legislativa, seria importante que enunciasse quais são os meios de que se pode valer o Poder Legislativo para proceder a essa preservação. Trata-se, na verdade, de preceito tautológico, repetitivo e já constante na Constituição em outro passo.

 Quer-nos parecer que o que de mais próximo existe, como medida ao alcance legislativo para preservar a sua competência legislativa, seria o inc. V desse mesmo artigo que lhe permite sustar os atos normativos do Executivo que exorbitem do poder regulamentar ou dos limites de delegação legislativa" (MARTINS, Ives Gandra da Silva; BASTOS, Celso. *Comentários à Constituição do Brasil*. v. 4. 2. ed. t. I. São Paulo: Saraiva, 1999. p. 135).

República, parte no conflito, mas por comandantes das três armas.[92]

Há todo um sistema constitucional de preservação dos poderes, que não pode ser tisnado por invasões indevidas, com mecanismos próprios de correção de distorções a assegurar as instituições.

Tenho para mim que, o fato de ter sido o projeto de lei suprema orientado para um regime parlamentar de governo e só, à última hora, reformulado para o sistema presidencial, sem alterar muitos dos mecanismos pertinentes a um regime parlamentar (a medida provisória, por exemplo, copiado de texto constitucional parlamentar da Itália e introduzido no texto brasileiro, objetivava ser, ao mesmo tempo, instituto de controle dos atos do Executivo pelo Parlamento e de afastamento do Chefe de Gabinete, em caso de ato de desconfiança), permitiu que, das sete Constituições brasileiras (1824, 1891, 1934, 1937, 1946, 1967, 1969, 1988), esta fosse aquela que mais assegurou o equilíbrio entre os poderes.[93]

---

92. Escrevi: "A segunda grande missão das Forças Armadas é a garantia que ofertam aos poderes constitucionais, o que vale dizer, se o Supremo Tribunal Federal é o guardião da Constituição, quem garante os poderes constituídos são as Forças Armadas. Quando Nélson Hungria, desconsolado, no golpe de estado que derrubou Café Filho, disse que o Supremo Tribunal Federal era um arsenal de livros, e não de tanques – e, por isso, nada podia fazer para garantir o governo, podendo apenas mostrar uma realidade, qual seja, a de que sem a garantia das Forças Armadas não há poderes constituídos –, definiu os verdadeiros papéis das duas instituições.
Por fim, cabe às Forças Armadas assegurar a lei e a ordem sempre que, por iniciativa de qualquer dos poderes constituídos, ou seja, por iniciativa dos Poderes Executivo, Legislativo ou Judiciário, forem chamadas a intervir.
Nesse caso, as Forças Armadas são convocadas para garantir a lei e a ordem, e não para rompê-las, já que o risco de ruptura provém da ação de pessoas ou entidades preocupadas em desestabilizar o Estado" (MARTINS, Ives Gandra da Silva; BASTOS, Celso. *Comentários à Constituição do Brasil*. v. 5. São Paulo: Saraiva, 2000.p. 166-167).

93. A Constituição monárquica durou 65 anos, a de 91 43 anos, a de 34 três anos, a de 37 nove anos, a de 46 vinte e um anos, a de 67 dois anos, a de 69 (EC nº 1/69) 19 anos, a de 88 tem 27 anos, o que vale dizer, a mais duradoura de nossas Constituições foi a monárquica.

Basta verificar que, nada obstante as crises brasileiras (*impeachment* presidencial – alternância de poder – escândalos como mensalão e este fantástico assalto ao dinheiro público de bilhões e bilhões de reais, durante oito anos, na Petrobras), ideias de ruptura institucional são fulminadas pela maioria esmagadora da população, demonstrando que nossas instituições suportam muito bem as diversas turbulências por que passa o País.

Apesar da segurança dos textos, é bom lembrar que, por vezes, houve invasões do Poder Judiciário no âmbito do Poder Legislativo, sem que este reagisse à altura. Muitos atribuem o receio do Poder Legislativo de impedir a invasão de sua competência ao fato de muitos parlamentares serem julgados pelo Pretório Excelso.

Houve invasão nos casos de eleição de candidato derrotado por impedimento do governador e do vice-presidente (a Constituição Federal fala em eleições diretas nos dois primeiros anos e indireta nos dois últimos – art. 81),[94] devendo as Constituições estaduais submeterem-se às regras da lei suprema (art. 25).[95]

No caso do aborto de anencéfalos, criando-se a hipótese de aborto eugênico (art. 128 do CP),[96] quando a lei apenas

---

94. O art. 81 da CF está assim redigido:
Art. 81. Vagando os cargos de Presidente e Vice-Presidente da República, far-se-á eleição noventa dias depois de aberta a última vaga.
§ 1º - Ocorrendo a vacância nos últimos dois anos do período presidencial, a eleição para ambos os cargos será feita trinta dias depois da última vaga, pelo Congresso Nacional, na forma da lei.
§ 2º - Em qualquer dos casos, os eleitos deverão completar o período de seus antecessores.

95. O art. 25 da CF tem a seguinte dicção:
Art. 25. Os Estados organizam-se e regem-se pelas Constituições e leis que adotarem, observados os princípios desta Constituição.

96. O art. 128 do CP está assim redigido:
Art. 128 - Não se pune o aborto praticado por médico:
Aborto necessário
I - se não há outro meio de salvar a vida da gestante;
Aborto no caso de gravidez resultante de estupro

permite não haver punição a aborto sentimental (estupro) ou terapêutico (risco de vida da gestante); na perda do mandato por infidelidade partidária (o art. 17[97] dá aos partidos a liberdade de definir); na união estável de pares do mesmo sexo (o art. 226 § 3º[98] só a permite entre homens e mulheres e o casamento decorrente, que, se religioso, tem o mesmo valor que o casamento civil – art. 226 § 2º,[99] sendo que as religiões não o admitem entre casais de sexo igual). Estes exemplos demonstram como a clareza do texto constitucional foi desfigurada pelo Supremo Tribunal Federal ao assumir funções típicas do Poder Legislativo.

A ideia de que pode o Poder Judiciário invadir a competência legislativa, nos vácuos do ordenamento positivo, quando, não obstante a tramitação de projetos de lei, o Poder

---

II - se a gravidez resulta de estupro e o aborto é precedido de consentimento da gestante ou, quando incapaz, de seu representante legal.

97. O art. 17 da CF tem a seguinte dicção:
Art. 17. É livre a criação, fusão, incorporação e extinção de partidos políticos, resguardados a soberania nacional, o regime democrático, o pluripartidarismo, os direitos fundamentais da pessoa humana e observados os seguintes preceitos:
I - caráter nacional;
II - proibição de recebimento de recursos financeiros de entidade ou governo estrangeiros ou de subordinação a estes;
III - prestação de contas à Justiça Eleitoral;
IV - funcionamento parlamentar de acordo com a lei.
§ 1º É assegurada aos partidos políticos autonomia para definir sua estrutura interna, organização e funcionamento e para adotar os critérios de escolha e o regime de suas coligações eleitorais, sem obrigatoriedade de vinculação entre as candidaturas em âmbito nacional, estadual, distrital ou municipal, devendo seus estatutos estabelecer normas de disciplina e fidelidade partidária. (Realce nosso)
§ 2º - Os partidos políticos, após adquirirem personalidade jurídica, na forma da lei civil, registrarão seus estatutos no Tribunal Superior Eleitoral.
§ 3º - Os partidos políticos têm direito a recursos do fundo partidário e acesso gratuito ao rádio e à televisão, na forma da lei.
§ 4º - É vedada a utilização pelos partidos políticos de organização paramilitar.

98. O § 3º do art. 226 da CF está assim disposto: (...) § 3º - Para efeito da proteção do Estado, é reconhecida a união estável entre o homem e a mulher como entidade familiar, devendo a lei facilitar sua conversão em casamento.

99. O § 2º do art. 226 da CF está assim redigido: (...) § 2º - O casamento religioso tem efeito civil, nos termos da lei.

Legislativo não a aprova, não merece acolhimento, pois, o Poder Legislativo representa a vontade da totalidade da nação, que votou em seus representantes, de forma que a aprovação de uma lei é ato de vontade da própria sociedade.

Já os Ministros do Supremo Tribunal Federal são escolhidos pela vontade de uma única pessoa – o Chefe do Poder Executivo Federal – segundo critérios personalíssimos, nada obstante os subjetivos conceitos constitucionais de notoriedade e notabilidade[100] exigidos.

Se os projetos não têm tramitação célere é porque os deputados e os senadores sabem como seus eleitores gostariam que decidissem. Tratando-se de uma matéria polêmica, com adeptos e não adeptos, só com inúmeras audiências públicas permitindo por parte dos parlamentares o exame dos argumentos pró e contra, é que poderão detectar a vontade da maioria dos eleitores. Apenas depois de formada a convicção dos parlamentares sobre a conveniência, oportunidade e legalidade de um projeto é que ele poderá ser levado adiante e aprovado.

Quem deu aos onze ministros a competência de se tornarem legisladores?

Ora, uma corte escolhida por um homem só não pode suprir nem suprimir a vontade popular de 141.824.607 eleitores,[101] sob a alegação de que o Poder Legislativo está demorando muito a decidir sobre esta ou aquela matéria.

Por esta razão, seria ideal votar a proposta que apresentei a Bernardo Cabral, quando dos trabalhos constituintes de 1987/1988. Segundo a proposta, para o preenchimento de

---

100. O art. 101 da CF está assim disposto:
Art. 101. O Supremo Tribunal Federal compõe-se de onze Ministros, escolhidos dentre cidadãos com mais de trinta e cinco e menos de sessenta e cinco anos de idade, de notável saber jurídico e reputação ilibada.

101. Segundo dados do Tribunal Superior Eleitoral. Disponível em: <http://www.tse.jus.br/imprensa/noticias-tse/2014/Maio/justica-eleitoral-registra-aumento-do-numero-de-eleitores-em-2014>.

cada vaga no Supremo Tribunal Federal, a OAB (Conselho Federal), indicaria seis nomes; os Ministérios Públicos Estadual e Federal indicariam três nomes cada um; e os Tribunais Superiores (STF – STJ – TST) indicariam dois nomes cada um, cabendo ao Presidente da República a escolha do ministro a preencher a vaga aberta entre os 18 nomes recebidos.[102]

Admitir-se-ia o denominado "quinto constitucional" que, de rigor, seria "3/11 constitucional", pois oito vagas seriam de magistrados e três do Ministério Público e da Advocacia. Sempre que houvesse dois membros do "Parquet" e um da Advocacia, a próxima vaga seria para a Advocacia, que então passaria a ter dois membros contra um membro do Ministério Público.

Todas as instituições, todavia, indicariam nomes para as vagas de magistrados (oito) e o Ministério Público e a Advocacia (três).

São algumas ideias que poderiam melhorar o sistema atual copiado dos Estados Unidos, mas cujo grande inconveniente é tornar-se vulnerável, se um presidente escolher membros do Supremo Tribunal Federal exclusivamente por afinidade ideológica, para garantir-se no poder ou evitar riscos de julgamentos sobre atos menos dignos, no exercício da presidência.[103]

---

102. Publiquei o artigo "A escolha de Ministros para o STF" (jornal Folha de São Paulo, 16/11/2010) defendendo esta posição. (Em "Na Folha de São Paulo – artigos selecionados" - Porto Alegre: LEX Magister, 2012, p. 20-22).

103. Celso Ribeiro Bastos lembra que: "O Supremo Tribunal Federal, órgão de cúpula do Poder Judiciário, surgiu com o nascer da República, pelo Dec. n. 848, de 1890, que organizou a Justiça Federal'. Dentre outras, foram-lhe conferidas as competências para resolver os conflitos entre os entes da Federação e julgar em grau de recurso as sentenças que contestassem a validade de leis e atos governamentais em face da Constituição. Tais competências foram ratificadas pela Constituição Republicana de 1891 no seu art. 59. A Carta de 1934 alterou a denominação do Supremo Tribunal Federal para Corte Suprema, mas todas as demais Cartas Políticas conservaram a denominação inicial. O Supremo Tribunal Federal sucedeu ao Supremo Tribunal de Justiça do Império, criado pela Constituição de 1824, composto por conselheiros nomeados dentre os juízes "letrados" (togados) "tirados das relações

Graças à qualidade dos membros do Supremo Tribunal Federal, até o presente, o Brasil tem tido um Supremo Tribunal Federal independente, mesmo à época de regime de exceção dos militares. Mas, o sistema, indiscutivelmente, é vulnerável.

A separação de poderes, portanto, é uma garantia do Estado Democrático de Direito, devendo ser preservada nos termos estabelecidos no art. 2º da CF que, repito, declara:

> Art. 2º São Poderes da União, independentes e harmônicos entre si, o Legislativo, o Executivo e o Judiciário.[104]

1.8. Democracia de acesso, democracia de controle e ditadura

Um dos aspectos mais relevantes na conformação do

---

por suas antigüidades" (art. 163)" (*Exercício da cidadania*. Porto Alegre: Lex/Magister, 2007. MARTINS, Ives Gandra da Silva; BASTOS, Celso. *Comentários à Constituição do Brasil*. v. 4. 2. ed. t. I. São Paulo: Saraiva, 1999. p. 123).

104. Celso Ribeiro Bastos explica: "Em princípio, estas expressões se contradizem, ao menos se quisermos tomar cada uma delas de forma absoluta. É muito difícil concebermos algo que seja totalmente independente e ao mesmo tempo harmônico. O que se dá, aqui, é a necessidade de se interpretar as expressões de forma relativa.
Assim, "independente" significa não subordinado, não sujeito.
Significa ainda que se trata de órgão que tem condições de conduzir os seus objetivos de forma autônoma.
De outra parte, a harmonia se impõe pela necessidade de evitar que estes órgãos se desgarrem, uma vez que a atividade última que perseguem, que é o bem público, só pode ser atingida pela conjugação de suas atuações.
Assim, quando o Executivo cumpre uma lei do Legislativo, ele não está a quebrar o princípio da separação de poderes mas simplesmente cumprindo a sua parte no mecanismo de funcionamento do Estado.
Sem dúvida é difícil manter-se plenamente em harmonia. Daí alguns autores como Benjamin Constant terem previsto a existência de um quarto Poder denominado Moderador, adotado inclusive por nossa Carta Imperial.
Por outro lado, afigura-se-nos uma lástima que o atual Texto tenha suprimido o parágrafo único da Constituição anterior — que previa o princípio da indelegabilidade das funções, exceção feita aos casos por ela autorizados. De resto, nunca se chegou a identificar mais do que uma exceção: a lei delegada" (MARTINS, Ives Gandra da Silva; BASTOS, Celso. *Comentários à Constituição do Brasil*. v. 1... cit., p. 483-484).

Estado foi sua evolução da ditadura familiar para as democracias participativas elementares e primitivas, ditaduras dinásticas de reinados e principados, democracias intermediárias (república romana e ateniense), impérios, monarquias absolutas, repúblicas democráticas e monarquias constitucionais.

As primeiras famílias tinham no chefe seu líder nato, mas à medida que as famílias se cruzam e as primeiras aldeias são formadas, há, sob a liderança de quem comanda, uma democracia elitista participativa, como, repito, Hanya Ito demonstrou, ao falar sobre "uma economia de aquisição compulsória" aceita sem contestação pelo povo.[105]

---

105. Escrevi: "Nessas comunidades iniciais, racional se nos afigura que lideranças naturais surgissem, onde a destreza física e a perspicácia pessoal seriam os talentos mais peculiares de seus condutores, compreendendo-se que a própria evolução da espécie fosse fazendo com que os dirigentes primeiros tendessem a transmitir seus conhecimentos e experiências aos membros de suas próprias famílias, com quem um amor mais definido e uma confiança mais clara tornaria a convivência mais suportável.
Deve-se acrescentar que a mortalidade não pequena, apenas permitia a sobrevivência dos fortes e, entre os fortes sobreviventes, os mais diretamente ligados aos líderes eram os que, naturalmente, os sucediam.
Parece-nos fundamental compreender esse ponto, pois o respeito decorrente, que os liderados das primeiras sociedades tinham pelos seus líderes, só poderia ser entendido, numa transferência de poder, na medida em que os novos líderes dispusessem da mesma habilidade, inteligência, força e conhecimento de seus maiores.
Numa época, em que o conhecimento era quase nenhum e em que o homem primitivo via, em todos os fenômenos naturais, forças superiores às suas e os transformava em deuses, é de se aceitar que as lideranças tribais e a sua sucessão aconteciam, baseadas, quase exclusivamente, no temor aos inimigos externos e na confiança sobre a capacidade de seus chefes.
Apenas, por esta perspectiva, é possível justificar a origem das classes dirigentes mais antigas e a formação das nobrezas, normalmente vinculadas aos governantes, e da plebe composta dos governados.
Na medida, portanto, em que o conhecimento crescia, mais ficava o mesmo circunscrito às famílias dos condutores tribais, criando-se, praticamente, uma definitiva separação entre a classe direcional e a dirigida ou entre o povo e a nobreza, nos pré-históricos tempos, embora ainda não aclarados os contornos da divisão, que começava a amadurecer, como um embrião já concebido.
O certo é que, se de um lado os problemas já se colocavam, de outro lado, o crescimento das sociedades tribais e o avanço sobre a natureza (o homem saía das cavernas para o campo e para as primeiras aldeias) lançavam o gérmen das cidades, que principiavam a nascer, como forma evoluída de sobrevivência da espécie e tendo, no centro de suas estruturas simplificadas, as famílias dos dirigentes" (MARTINS, Ives Gandra da Silva. *O Estado de Direito e o Direito de Estado*. São Paulo: José

Construir uma paliçada de proteção à aldeia, tributo do esforço coletivo e justo, não era contestado pelos habitantes da aldeia, por não permitir a corrupção inata a todo sistema tributário (ativa, passiva ou concussão).

A corrupção atual não existia. Todos davam sua contribuição, participando da defesa da comunidade, inclusive com os habitantes participando ou respeitando a decisão dos pequenos conselhos dos mais velhos. A própria palavra "ancião" que representava a experiência dos mais idosos, tem sua origem nestes conselhos dos escolhidos pelo povo, pois pressupõe sabedoria.

O crescimento destas comunidades levou à formação dos reinados e dos impérios, em que as lideranças que acumulavam maiores conhecimentos assumiram, como disse nos Capítulos anteriores, a condução do povo, identificando-se com os deuses e passando a ver seus súditos como classe inferior de seres humanos, necessitados da tutela dos chefes privilegiados.

A República romana, opondo-se ao reinado, e a ateniense foram elitistas, com o povo, apesar dos tribunatos da plebe em Roma, com participação política, todavia, em pequena escala. O contingente de escravos era tão grande, que gerou uma revolta, no fim da República, entre 73/71 a.C., no início bem sucedida sob a liderança política, mas sem estratégia militar. Seu líder foi Spartacus.[106]

Bushatshky, 1977. p. 9-12).

106. *"Del ejército de E. se desmembran los galos y germanos encabezados por Casto y Gaúnico, y son aniquilados por los romanos. E., acosado por Craso, se retira a las montavas de Calabria. En la primavera del 71, tiene lugar en Apulia, junto al Síalro, el decisivo y encarnizado encuentro en el que, batiéndose duramente mueren 60.000 esclavos, entre ellos E. Pompeyo, que volvía de España, victorioso de su lucha contra los sertorianos, derrotó a los últimos restos que pretendían atravesar los Alpes. 6.000 prisioneros fueron crucificados a lo largo de la vía que va de Capua a Roma. Las fuentes (Salustio, Plutarco, Apiano, etc.) destacan en E. su valentía, talento organizador y justicia en el reparto del botín. No obstante, faltó total unidad entre sus indisciplinados seguidores, lo que originó su división y el inevitable fracaso. E. ha pasado a la posteridad como símbolo de la lucha por tà justicia y la libertad"* (Verbete Esparta-

A volta aos controles de impérios até a revolução de Cromwell e a Dinastia de Orleans, na Inglaterra, quando, de rigor, começa a verdadeira democracia moderna (1688) com a criação do parlamentarismo e a monarquia constitucional republicana, tornando-se o rei um mero chefe de estado e não de governo, lançava as sementes para que se pudesse de forma definitiva buscar maior participação popular na condução do Estado e de sua função primordial de proteger a sociedade e prestar-lhe serviços públicos.

Em todos os impérios, reinados das elites dominantes, em que os laços familiares de nobreza, muitas vezes decidiam o comando de nações por pessoas de outros reinos e países, o poder era mero campo de manobras para os desejos e os caprichos dos que dominavam o país, ao ponto de Kant, em "A paz perpétua", afirmar que a guerra, nunca desejada pelo povo, era fruto dos desejos e ambições dos monarcas, à revelia do povo.[107]

Para Kant, no dia em que todos os países fossem repúblicas, ou seja, o povo escolhendo seus dirigentes, a guerra desapareceria, pois o povo jamais desejou guerras, sempre declaradas pelos nobres, seus dirigentes. Assim, quando o povo escolhesse gente do povo para comandar todas as repúblicas do mundo, a paz seria perpétua.

Faltou ao genial filósofo a perspectiva do arguto Montesquieu, que nunca considerou o homem no poder confiável.

Carl Schmitt, em sua teoria das oposições, ao opor, na moral, o bem ao mal; na estética, o belo ao feio; na Economia,

---

co, Gran Enciclopédia RIALP, tomo IX, Ediciones Rialp, Madrid, 1984, p.141).

107. Soraya Nour, todavia, entende ainda factível o ideal kantiano da paz perpétua. Escreveu:
"Kant apresentou as condições de possibilidade da paz. Sua realização hoje depende de explicitação das condições de luta contra as relações hegemônicas que a destroem" (NOUR, Soraya. A paz perpétua de Kant. São Paulo: Martins Fontes, 2004. p. 195).

o útil ao inútil; na Política, o amigo ao inimigo, mostrou, no "Conceito do Político", a inconfiabilidade do ser humano no poder, algo, de certa forma, bosquejado por Maquiavel, em "O Príncipe".[108]

Ora, as democracias foram sendo forjadas, com a libertação dos Estados Unidos, que adotaram o regime presidencialista – único país em que o presidencialismo foi bem sucedido, sem rupturas – e com a Revolução Francesa. Apesar do banho de sangue que propiciou, na declaração dos direitos dos cidadãos e sua primeira Constituição republicana, de 1791, foram acrescentados elementos para a conformação da democracia moderna. Esta terminou por ser implantada gradativamente em todo o mundo, nada obstante a existência ainda, em países menos desenvolvidos na África, de regimes ditatoriais, além de em outras regiões como em Cuba, a mais antiga ditadura remanescente nas Américas e as semi ditaduras de Venezuela, Bolívia e Equador, em que o sistema criado por um centro de orientação marxista de Madrid, para um poder sem oposição organizada, tornou os poderes Legislativos e Judiciários, poderes menores, subordinados ao poder Executivo.[109]

---

108. Creio, todavia, que apesar de "O Príncipe" ser a obra mais conhecida de Maquiavel, são os comentários "Discursos sobre a 1ª Década de Tito Lívio" sua melhor obra de reflexão política.

109. Clóvis Rossi no artigo "A Venezuela que o Itamaraty não vê" (Folha de S. Paulo, 24/02/2015) declara que, das 45.000 ações propostas contra os governos de Chávez e Maduro, de 2003 a 2015, nenhuma foi decidida contra o Governo. E afirma, na Venezuela, o verdadeiro golpista é Maduro:
"O Itamaraty já não precisa ter medo de criticar o governo de Nicolás Maduro pelo assédio truculento à oposição, do qual o mais recente exemplo foi a prisão do prefeito metropolitano de Caracas, Antonio Ledezma: até um "chavista" puro e duro, o cientista político Nicmer Evans, diz que falar de golpe é uma tática para desviar a atenção do público da "enorme desvalorização da moeda que temos que suportar", conforme o jornal "The New York Times".
Evans não vê "prova clara" de alguma conspiração no caso Ledezma. Trata-se de um socialista e um crítico, pela esquerda, do "madurismo", e não de um conspirador da oligarquia.
O Itamaraty também poderia tomar nota das declarações do presidente colombiano Juan Manuel Santos, que pediu respeito aos direitos dos opositores e solicitou a libertação de Leopoldo López, o líder oposicionista que antecedeu Ledezma como vítima da truculência (está preso há um ano).

Tais denominados poderes sem força não têm expressão e não podem ser contrários ao Poder Executivo, poderes vicários que são, do poder absoluto, pois seus componentes são escolhidos, no Poder Judiciário em face de sua adesão ideológica.

Nas eleições venezuelanas, apesar de denúncias de fraudes, negou-se, o Poder Judiciário, a apurá-las, pois é manipulado pelo Poder Executivo.

Na Venezuela há proibição do uso de TV e locais para comícios, onde somente os candidatos oficiais podem se manifestar, além das prisões dos candidatos ou dos prefeitos oposicionistas que se destacam.

Como a Colômbia é um dos três países que formam com o Brasil e o Equador a missão da Unasul para a crise venezuelana, se o Itamaraty insistir em seu silêncio, corre o risco de desmoralização.

Até o moderado José Miguel Insulza, socialista chileno que é secretário-geral da Organização dos Estados Americanos, diz que a prisão do prefeito de Caracas provocou "forte alarme pela forma como foi levada a cabo e pelo caráter de mandatário eleito, no exercício de seu cargo".

Como mostrou nesta segunda-feira (23) na *Folha* o excelente Samy Adghirni, não é o único prefeito que o governo acossa: são 42,8% os prefeitos oposicionistas às voltas com a Justiça, que de cega não tem nada.

Um grupo de advogados divulgou estudo, no ano passado, para demonstrar que, em 45 mil decisões emitidas de 2004 a 2013 pelas câmaras constitucional, administrativa e eleitoral da Suprema Corte, não houve uma única contrária ao governo.

É óbvio que se trata de uma demonstração definitiva de que o Judiciário não é um poder independente, mas um mero apêndice do Executivo.

O Itamaraty sabe perfeitamente que a situação econômica da Venezuela é de ruína, com inflação recorde no hemisfério Sul, com desabastecimento agudo e com recessão.

O que talvez não saiba é que até as conquistas sociais inegáveis dos primeiros anos do chavismo estão sendo corroídas pela crise.

Estudo de três universidades divulgado no fim de semana revela que só 8,4% das pessoas que vivem em pobreza extrema são beneficiárias de alguma "missão" social ("misiones" é como o chavismo chama seus programas assistencialistas).

Escrevem, em "El Nacional", Maolis Castro e Laura Helena Castillo: "Os programas assistenciais, que nasceram em 2003 para atender aos setores de menos recursos, se converteram em uma solução para comprar a preços subsidiados desde um frango até uma casa. Mas sua oferta está longe de ser maciça: nos últimos cinco anos, o número de atendidos baixou de 2,5 milhões a 2 milhões".

Se há golpe na Venezuela, é do governo, contra a democracia e a economia".

O ESTADO À LUZ DA HISTÓRIA, DA FILOSOFIA E DO DIREITO

No momento em que escrevo estas linhas, a China é uma ditadura política com abertura econômica, Cuba é uma ditadura política com mediocridade econômica, a Coréia do Norte é uma ditadura política sem qualquer noção econômica.

A China justifica sua "solução ditatorial", por entender de difícil controle, numa democracia, sua população de um bilhão e 300 milhões de pessoas. Toma como exemplo a democracia indiana, cujo controle do poder é difícil, muito embora a adoção do parlamentarismo inglês tenha permitido desenvolver-se, apesar de todo tipo de ataques, inclusive os assassinatos de Primeiros Ministros.[110]

O certo, todavia, é que a maior parte dos países tem adotado a democracia como sistema de governo com participação popular.

Quais são as formas de governo mais adotadas? O presidencialismo americano e o parlamentarismo inglês, com suas adaptações às realidades de cada país.

Como disse no início deste livro, sou parlamentarista convicto, desde os bancos acadêmicos, e presidi, à época em que a democracia era ampla, com atores melhores do que os atuais (1947 a 1964), o Diretório Metropolitano do Partido Libertador.[111]

---

110. Tivemos os assassinatos de Gandhi, o pai da independência, de Indira Gandhi e de seu filho Rajiv Gandhi.

111. Na comemoração dos 80 anos do Tribunal Regional do Trabalho do Estado de São Paulo, pediram-me para escrever artigo para o livro em que contavam alguns dos episódios mais marcantes de sua história, por ter criado um vestibular para os candidatos do Partido para vereadores, quando presidente do Partido Libertador. Escrevi no texto "Minha presidência do Diretório Metropolitano do Partido Libertador" que: "Eu, pessoalmente, defendi, nos horários gratuitos, a inconstitucionalidade do plebiscito, visto que lei ordinária não poderia mudar sistema de governo, instituído por Emenda à Constituição, tendo, inclusive, não votado, justificando que não o fazia por considerar inconstitucional a convocação. Causou-me espécie que a Justiça Eleitoral tenha aceitado a justificação, tanto que não aplicou qualquer punição, talvez por não ter examinado o argumento.
Nos últimos dias, fui alertado pelo presidente do TSE, o Desembargador Fernando Euler Bueno, de que, se continuasse a pregar a abstenção e insistisse na inconstitucional a lei, o TRE iria proibir minha manifestação, no horário concedido ao PL.

Eram apenas 13 partidos e o Partido Libertador era o único com firme objetivo de implantar o parlamentarismo, não tendo apoiado, entretanto, o parlamentarismo de 1962, com a renúncia de Jânio, muito embora os parlamentares tivessem homenageado Raul Pilla, nosso presidente nacional, quando da sua implantação.

É que aquele parlamentarismo de 1961/1962 desfigurava de tal forma o sistema, que, no Plebiscito de 1962 para se saber se deveríamos ou não voltar ao presidencialismo – já era presidente do Diretório Metropolitano em São Paulo – defendi na TV (horário gratuito) a tese irônica de "Não diga sim, nem não, diga talvez", pois o parlamentarismo de 1961/1962 era um péssimo arremedo do sistema.[112]

O certo, todavia, é que a evolução desse regime pode ser estudada nos seus 6.000 anos de história escrita, e a

---

Tinha e tenho pelo desembargador Euler Bueno profunda admiração. Nos contatos que mantivemos naqueles tempos, sempre admirei sua serenidade e elegância no trata com os diversos presidentes de partidos.

Tendo apenas 27 anos, todavia, irritado com o desrespeito a lei suprema, fui ao último programa de TV e comecei dizendo que fora proibido de pregar a abstenção no plebiscito; que fora proibido de sustentar que a lei era inconstitucional e com esta introdução de que "fora proibido", disse tudo o que queria. Liguei, depois, para o Desembargador, informando-lhe como agira e que estava à disposição para as sanções que julgasse aplicáveis. Respondeu-me ele: "Ives, você disse que estava proibido de falar sobre certos temas; declarou repetidas vezes, sobre que temas você não poderia falar. Logo, você cumpriu a proibição".

Que falta fazem homens como Fernando Euler, neste Brasil de hoje!" (BAUAB, José D'Amico (Org.). *Paulistânia Eleitoral – Ensaios, Memórias, Imagens*. São Paulo: Edição do TRE, 2011).

112. Escrevi: "O País estava, então, sob a presidência de Jango e num sistema semi-parlamentar de governo. Tinha sido, na época, aprovado o horário eleitoral gratuito. Conseguiu, o presidente da República, através de uma lei ordinária, convocar plebiscito para que o povo decidisse sobre voltar ou não ao presidencialismo. A direção nacional do PL tomou, em face do desafio, a decisão de não defender o parlamentarismo, que, de rigor, não era aquele comprovadamente bem sucedido na Europa, mas uma desfigurada forma de duplo comando (1º Ministro e Presidente).

A consequência foi o aconselhamento a todos os diretórios do partido que se abstivessem da defesa do sistema brasileiro, não apoiando, por outro lado, a solução presidencialista" (Minha presidência do diretório metropolitano do partido libertador (1962-1964), texto publicado em BAUAB, José D'Amico (Org.). *Paulistânia Eleitoral – Ensaios, Memórias, Imagens*. São Paulo: Edição do TRE, 2011).

democracia passou, a partir de 1689, na Inglaterra, e do "Bill of Rights", de 1776, a ser ainda a menos ruim das duas formas, com variações inúmeras dos regimes adotados para a condução do Estado.

Nada como examinar a história da humanidade para perceber esta evolução perceptível, com predominância de eficiência dos sistemas parlamentares sobre os presidencialistas, com estabilidade maior, sem traumas na alternância de poder e, principalmente, sem comoções que marcam o afastamento do poder que um presidente irresponsável eleito pode trazer à nação. De rigor, o Parlamentarismo começa em 1688, na Inglaterra, e o Presidencialismo, em 1776, nos Estados Unidos.

Lijphart, como já disse, 39 anos depois da 2ª Guerra Mundial, mostrou que, dos 21 países democráticos sem ruptura institucional: 20 países eram parlamentaristas; apenas um, presidencialista.[113]

O parlamentarismo com burocracia profissionalizada, Banco Central autônomo, voto distrital misto e a cláusula de barreira quanto aos partidos políticos, para evitar a proliferação de legendas de aluguel, o que fortalece a vida partidária ideológica, é ainda o melhor sistema de governo.

O Brasil não tem partidos políticos, mas apenas "legendas de trânsito" de candidatos, porque não tem o parlamentarismo. Só com o parlamentarismo se fortalecem as estruturas partidárias e a fidelidade seria uma decorrência.

De longe, é um sistema melhor, pois permite que a representação de toda a nação, o Parlamento, escolha o chefe de Gabinete e, sem crises, o chefe de Estado termina por ser o elemento de estabilização, procurando apaziguar os ânimos, podendo, inclusive, em caso de impasse definitivo, dissolver

---

113. Arend Lijphart, "Democracies: Patterns of Majoritarian and Consensus Government in Twenty-One Countries" (Yale University Press, 1964), fala em 21 governos, pois coloca a França duas vezes com o regime: antes de 1958 e depois de 1958 com De Gaulle.

o parlamento e convocar novas eleições para saber se o povo continua a concordar em manter aquele Parlamento incapaz de superar crises.[114]

No presidencialismo, a união das mesmas funções de chefe de Estado e de Governo numa única pessoa, termina por tirar-lhe a independência tão necessária para equacionar crises, pois seu mandato é a prazo certo, havendo um único recurso extremo, que é o *impeachment*.

O segundo Império brasileiro teve, no parlamentarismo, o regime mais estável que conhecemos até hoje, em número de anos de permanência (1840/1889). Durou mais que todos os sistemas presidencialistas adotados (1889/1930 – 1934/1937 – 1937/1945 – 1945/1964 – 1964/1985 – 1985/2015). O período mais longevo de todos esses durou 41 anos, contra os 49 anos do segundo império.

O próprio Deodoro, cita a história, pensava ter derrubado o gabinete, e não o império, no dia 15/11/1889. Só tomou conhecimento, no dia seguinte, que derrubara o império. Na sua posse, como Presidente da República, foi alertado por Campos Salles que não poderia entrar no salão de posse, ostentando as condecorações militares recebidas do Imperador, por sua atuação militar, tendo-as retirado na antesala.[115]

---

114. Escrevi: "O sistema parlamentar de governo é um sistema de controles mútuos. O eleitor controla o Parlamento que, por seu turno, controla o Gabinete. O Chefe de Estado, por outro lado, controla o Parlamento através do mecanismo da dissolução antecipada do Congresso e da convocação de novas eleições, se a Casa Legislativa eleita não der sustentação a sucessivos Gabinetes, provocando sucessivas crises políticas.
- O Chefe de Estado, no sistema parlamentar monárquico, é o Rei, que tudo observa e tem como função precípua, nos termos constitucionais, defender o povo contra os governos.
- Se um Parlamento aprova sucessivos votos de desconfiança para os Gabinetes, por intermédio do Parlamento eleito, cabe ao Chefe de Estado consultar o povo, com novas eleições, perguntando-lhes se aquele Parlamento que não confia nos Gabinetes que elege continua, por sua vez, a merecer confiança do povo" (MARTINS, Ives Gandra da Silva. *O que é parlamentarismo monárquico...* cit., p. 83).
115. Escrevi: "Deodoro, em verdade, nunca chegou a compreender todos os acontecimentos que o levaram à presidência; tanto é verdade que, em 15 de novembro de

A adoção do presidencialismo, tão defendido por Ruy Barbosa, à luz do seu deslumbramento pela realidade americana, levaram-no, todavia, no fim da vida, a uma reflexão de "mea culpa", lamentando ter auxiliado a derrubar o sistema parlamentar no Brasil.

O próximo passo, todavia, para um verdadeiro sistema democrático, terá que basear-se em transformar a mesma democracia de acesso em uma democracia de controle e participação.

No sistema presidencial, o eleitor vota e a partir daí, o eleito faz o que quiser, os acordos que entender, muda as legislações que desejar – nem mesmo as decisões do Supremo Tribunal Federal para manter a fidelidade partidária sendo respeitadas, à falta de provocação – à revelia do eleitor, sendo que nas mudanças de legenda, se eleito com contingente de votos do partido, e não exclusivamente seus, pratica um estelionato eleitoral, visto que aproveita votos de eleitores de outros candidatos, que nele não votaram e nem votariam em outros partidos, para se aboletar num novo partido.

1889, pensou que estivesse derrubando o gabinete e não o imperador. Chegou, inclusive, a pretender assinar decreto promulgando a Constituição de 1891, como assumiu a presidência para a qual fora eleito em 1891, com as honrarias militares imperiais que ganhara em campo de batalha.
Sempre dirigiu a nação como dirigia suas tropas, e, não obstante homem de bem e íntegro, seu estilo não se coadunava com a nova realidade brasileira.
Com a queda de Deodoro, a assunção de Floriano, sua substituição pelo paulista Prudente de Moraes, companheiro dos bancos acadêmicos de Campos Salles, o País entrou em severa crise econômica, gerada em parte pela política estruturalista de Ruy Barbosa, a qual provocara uma inflação desmedida, quebra de inúmeras empresas e problemas de natureza política e institucional acima de qualquer expectativa.
Prudente de Moraes, já velho em seu fim de governo, tendo sido inclusive obrigado a ficar cinco meses retirado do poder por doença, pretendeu que seu substituto fosse Bernardino de Campos, mas se rendeu às forças políticas que entendiam que só um homem como Campos Salles poderia equacionar os inúmeros problemas que afligiam a República brasileira" (MARTINS, Ives Gandra da Silva. *Discursos de posse*. São Paulo: Saraiva, 1992. p. 30).

O eleitor é, portanto, participante apenas de uma democracia de acesso, facilmente manipulável.[116] Como se viu nas últimas eleições, em que a presidente eleita, em segundo turno, com 38% dos eleitores inscritos, aproveitou todas as ideias do candidato derrotado por 3% de votação, ideias que vigorosamente combatera durante as eleições. Alguns a chamaram, na ocasião, de "Dilma Neves".

O fortalecimento das democracias, necessariamente passa por uma maior conscientização dos eleitores, algo que o voto distrital propicia, mas que eventual melhor preparação política do eleitor e do candidato facilitaria, como procurarei mostrar ao final deste livro, retornando à velha proposta em meu livro "O Estado de Direito e o Direito do Estado" (1977). Faz falta uma Escola de Governo para políticos, semelhante aos cursos necessários para o exercício de qualquer profissão.[117]

---

116. Escrevi: "Ora, se o processo de acesso tem características apenas formais e a conjunção entre o sentido dos governados e sensibilidade dos governantes o aspecto estrutural do poder legítimo, de que forma obtê-lo para dar ao poder legitimado pela referida consonância alcance maior que as crises, que o possam atingir, e duração mais extensa? Parece-me que apenas voltando aos aspectos enunciados na formulação jurídica assentada na imutabilidade de valores primeiros pertinentes ao Direito Natural" (*Uma breve introdução ao Direito*. São Paulo: Editora Revista dos Tribunais, 2011. p. 189).

117. Escrevi: "Por que não se adotar um mesmo esquema, com as variantes adequadas à profissão que exercerá, para aquele que pretenda o exercício de cargos eletivos?
As Escolas ou Faculdades – procurariam – independentemente de outras carreiras que cada estudante seguisse, continuando paralelamente seus estudos individuais – formar, em número elevado, profissionais qualificados à postulação dos cargos eletivos.
Todos poderiam concorrer às vagas da Escola. E todos os formados pelas Escolas ou Faculdades Especializadas poderiam postular um cargo eletivo, em eleições, livres, onde o eleitor, com mais tranquilidade, escolheria, entre gente habilitada, aquele que melhor poderia representá-lo.
É evidente que o plano é ambicioso. Sua implantação longa e demorada. Pressuporia a existência de um longo período carencial para os que já militam. Necessitaria ser levado principalmente à juventude, que está ansiosa por formas mais legítimas de luta e de valores. Os seus próprios "escapismos" ou "contestações" nada mais são do que a desesperada tentativa de encontrarem outros valores, que não aqueles em que não mais acreditam. Pressuporia, no início, uma seleção de matérias e de profissionais altamente qualificados para formarem os primeiros corpos docentes, a

O ESTADO À LUZ DA HISTÓRIA, DA FILOSOFIA E DO DIREITO

Por fim, em nível de Direito, de História e de Filosofia, lembre-se que um dos mais sagrados direitos de uma democracia é o direito de defesa, consagrado na CF no art. 5°, incisos LIV, LV, LVII e LXI, assim redigidos:

> (...)
>
> LIV - ninguém será privado da liberdade ou de seus bens sem o devido processo legal;
>
> LV - aos litigantes, em processo judicial ou administrativo, e aos acusados em geral são assegurados o contraditório e ampla defesa, com os meios e recursos a ela inerentes;
>
> (...)
>
> LVII - ninguém será considerado culpado até o trânsito em julgado de sentença penal condenatória;
>
> (...)
>
> LXI - ninguém será preso senão em flagrante delito ou por ordem escrita e fundamentada de autoridade judiciária competente, salvo nos casos de transgressão militar ou crime propriamente militar, definidos em lei; (...).

Nas ditaduras, não há direito de defesa, que é um direito natural ao contraditório, que todo o acusado deve ter. O processo administrativo civil ou penal, é formado, fundamentalmente, para defesa do acusado, não do Estado e da sociedade, pois sem esta proteção, a sociedade poderia "fazer justiça com

---

quem seria entregue missão tão importante. Fizemos, quando, presidente do diretório metropolitano do Partido Libertador em São Paulo uma experiência semelhante, exigindo uma prova vestibular dos postulantes a candidatos à vereança da cidade. O resultado foi surpreendente. Formamos, em 1963, a mais coesa bancada, tendo o partido tido a mais expressiva votação em toda a sua história. E todos os candidatos eram desconhecidos. O resultado deveu-se a ter sido o Partido Libertador o que apresentou candidatos do maior nível nos programas de Televisão (os 60 postulantes, expressavam-se corretamente nas exposições do horário político). Nenhum dos 13 partidos então concorrentes ofereceu, em média, um nível tão elevado de cultura, serenidade e interesse real pela coisa pública. O deputado Raul Pilla e o Senador Mem de Sá, presidente e vice-presidente do diretório nacional, consideravam excelente a experiência, irrenovável, pela extinção dos partidos políticos com o Ato Institucional n° 2" (MARTINS, Ives Gandra da Silva. *O Estado de Direito e o Direito do Estado... cit.*, p. 70-71).

as próprias mãos" com "linchamentos públicos", inclusive sem julgamento. Por isto o ideal de justiça implica, necessariamente, o direito de defesa.[118]

1.9. Federação, sistemas unitários e Administração Pública

Passo, agora, a examinar aspecto na constituição do Estado moderno que se reflete sobre seu custo econômico para a sociedade que o empalma.

Falo a respeito da forma do Estado – já falei da forma de Governo, no Capítulo anterior – e da burocracia reinante.

Confúcio chegou a formular teoria pela qual o poder não seria o desiderato maior do homem, mas a sabedoria,

---

118. Celso Bastos comenta: "A nova redação do Texto, contudo, tem o condão de constitucionalizar essa tendência, positivando-a no nível do direito expresso.

Em princípio, pois, não há senão que se tecer encômios a esse alargamento. Por mais que, em certos casos, ele se possa afigurar desnecessário, ou mesmo desprezível, o certo é que calha muito bem em um Estado de Direito que ninguém seja apenado senão depois de uma defesa contraditória.

Em nosso direito, falava-se inicialmente em culpa formada. A Constituição do Império rezava:

"Ninguém poderá ser preso sem culpa formada, exceto nos casos declarados na lei...".

A Constituição de 1891 introduziu a expressão "nota de culpa".

A Constituição de 1934 fala tão-somente em ampla defesa.

A Constituição de 1937, além de aludir novamente à culpa formada, exige que a instrução criminal seja contraditória.

A Constituição de 1946 insiste na necessidade da nota de culpa, mantida sempre a instrução penal contraditória.

A freqüente alusão à nota de culpa fez com que, com muita dificuldade, se tenha conseguido dar uma extensão a essas garantias além do direito penal. Já fizemos há pouco referência à árdua conquista representada pela jurisprudência, que consagrava sua aplicação aos processos administrativos.

O Texto atual, além de confirmar essa tendência, vai mais além, para incluir na sua proteção os acusados em geral. Temos que, para sistematização do tema, cumpre desdobrá-lo em dois pontos, que trataremos sucessivamente. Em primeiro lugar, o conteúdo dessas garantias, e, em segundo, os seus destinatários" (MARTINS, Ives Gandra da Silva; BASTOS, Celso. Comentários à Constituição do Brasil. v. 2. 3. ed. São Paulo: Saraiva, 1997. p. 287-288).

de tal forma que se os homens crescessem em sabedoria e auxiliassem os postulantes ao poder, os governantes seriam melhores.[119]

O sábio busca a sabedoria e não o poder, aproveitando as virtualidades da inteligência, razão pela qual as ambições dos incultos ou dos que querem riquezas – ambições menores que as dos sábios – poderiam ser aperfeiçoadas e destinadas ao bem comum pelos sábios no poder.

O grande problema de Confúcio, como de Kant, na paz perpétua, é que o poder, como procurei mostrar no meu livro "Uma breve teoria do poder", é desiderato de qualquer homem, mesmo na mais humilde das funções. Uma governanta que comanda uma só empregada, numa função doméstica, mostra-se poderosa em relação àquela pessoa, exercendo o poder, independente de ter ou não cultura ou sabedoria.[120]

---

119. Alfred Doeblin escreve: "Os que detêm o poder estão sob fiscalização, e um código de moral muito prático é criado de tal modo que todos desejam mantê-lo. A doutrina adquire assim, para Confúcio e seus discípulos, outra significação. Constitui-se para o mestre uma posição de relevo no Estado e, evidentemente, para toda uma classe de gente que, como ele, se entregou ao dever de estudar as leis e o modo de preservá-las. A doutrina de Confúcio estabelecia entre os governantes e os governados uma classe que, por assim dizer, tinha de sustentar uma batalha espiritual em duas frentes: uma contra o governo, que podia ser conduzido em certa direção e, em alguns casos, freado; outra, para tornar acessível ao povo a educação e a sabedoria.
Precisamente essa classe tornou-se característica da China de Confúcio. É também característico que não se tenha entregue a nenhuma espécie de atividade privada ou escolar, como fizeram os filósofos e alguns homens de letras na civilização ocidental. Confúcio conseguiu elevá-la a uma posição de privilégio e influência no Estado. Ela se tornou a classe oficial dos doutos e dos filósofos" (Confúcio, Biblioteca do Pensamento Vivo, Livraria Martins Editora, São Paulo, p. 12-13).

120. Escrevi: "Uma autêntica teoria do poder parte do princípio de que quem deseja o poder, deseja-o por um instinto de sobrevivência que repercute numa ambição sem limites pelo comando e pelo exercício do domínio, que se encontra em todas as esferas da vida humana. Encontramos tal busca do poder desde as funções mais humildes. Desde o mordomo ou uma faxineira, por exemplo, que tem outros empregados sob sua supervisão, até aqueles que exercem poder político, pois sobrevivência e poder estão na essência da natureza humana. Apenas alguns sábios e aqueles que nutrem convicção na existência de uma vida eterna podem, pela fé e inteligência, verem-se livres da conjugação do poder, alicerçado na sobrevivência, com a ambição do homem no mundo. Em outras palavras, o poder se justifica pelo poder e não pelo dever de servir" (MARTINS, Ives Gandra da Silva. *Uma breve*

O certo é que, como Montesquieu disse, o homem não é confiável no poder e, nas democracias, o conceito do político perante o povo culto é sempre um conceito de baixa moralidade.[121]

---

teoria do poder, p. 14-15).

[121] Escrevi no artigo "Um governo de maus costumes" (O Estado de São Paulo, 26/11/2014) que: "As palavras "ética" e "moral" têm sua origem na Grécia e em Roma. Tornaram-se sinônimas de "bons costumes". Na realidade, ética (ethos), de etimologia grega, e moral (mos, moris), de etimologia romana, têm, todavia, conteúdo distinto pela própria conformação dos vocábulos. Nas nações onde surgiram, os gregos, mais especulativos que práticos – nunca conseguiram conformar um império, nem mesmo com Alexandre –, colocavam a ética no plano ideal, como se pode ler na Ética a Nicômaco, de Aristóteles. Os romanos, que graças à herança cultural grega, acrescida da instrumentalização do Direito, influenciaram a História do mundo com presença durante 2.100 anos (753 a.C. a 1.453 d.C.), quando da queda de Constantinopla, deram à palavra "moral" um sentido pragmático de aplicação real à vida cotidiana. Pessoalmente, entendo que essa diferença de origem permite deduzir que "ética" e "moral" se completam - não aceito as diversas distinções que se fazem sobre a subordinação de um conceito ao outro -, sendo a "ética" a face da moral no plano ideal e a "moral" a face da ética no plano prático. De qualquer forma, tanto durante o domínio de gregos quanto dos romanos, a ética e a moral eram símbolos dos bons costumes a serem preservados pelos governos. Infelizmente, já há longo tempo as noções de bons costumes, de ética e de moral deixaram de ser símbolos do governo brasileiro. O episódio do Mensalão apenas descerrou a cortina do que ocorria nos porões da administração federal, agora com a multiplicação de escândalos envolvendo diretamente os partidos do governo e de apoio, a principal estatal brasileira e inúmeras empresas, que, provavelmente, seriam mais bem enquadradas na figura penal da "concussão" (pagar à autoridade por falta de alternativa possível de atuar sem pagamento) do que na de "corrupção ativa" (corromper a autoridade para obter vantagem). A própria propaganda oficial, para obter uma votação que deu à presidente apenas 38% dos votos dos eleitores inscritos - financiada pelos partidos mencionados nos desvios de dinheiro público e privado –, foi, segundo seus próprios articuladores afirmaram, lastreada na "desconstrução de imagens" e "ocultação da verdade", com o que, por ínfima margem, conseguiram a vitória a 28 minutos do encerramento da contagem oficial, quando a presidente ultrapassou o candidato da oposição, com quase 90% de votos apurados. O marqueteiro, que se especializou em enganar o eleitor dizendo que a economia andava muito bem, sem dizer a verdade sobre o aumento do desemprego, a queda constante do PIB, o crescimento da inflação, as maquiagens do superávit primário, o déficit da balança comercial, a elevação dos juros – que ocorreu três dias depois do resultado -, o fracasso da contenção do desmatamento, além de outros inúmeros apelos populistas, conseguiu desconstruir "imagens" de cidadãos de bons costumes (Marina Silva e Aécio Neves) e iludir o povo que, por escassa margem de votos, outorgou à presidente mais um mandato. Nesse mercado de ilusões, chegou a presidente a dizer que ela estava apurando as irregularidades ocorridas na Petrobras, quando, na verdade, duas instituições, que não prestam vênia ao poder, é que o estavam fazendo, com competência e eficácia, à revelia da chefe do

O ESTADO À LUZ DA HISTÓRIA, DA FILOSOFIA E DO DIREITO

De qualquer forma, o Estado moderno evoluiu, nada obstante as fragilidades éticas do homem no poder, para formas de seletivo controle.

No que diz respeito à estrutura estatal, a história tem demonstrado que as duas soluções mais adotadas (Federação e Estado unitário) têm representado, nas democracias contemporâneas, aquelas que, de forma menos traumática, permitem a existência de representação social, num organismo que possui, pois, povo, território e poder.

Há formas mistas, que, todavia, neste breve estudo sobre realidades históricas, filosóficas e jurídicas não abordarei.

Executivo: a Polícia Federal e o Ministério Público. Se realmente pretendesse a apuração, não teriam seus partidos de sustentação torpedeado a CPI da Petrobras. Comentei – não me lembro para que jornalista – que a presidente deveria nomear seu marqueteiro para o Ministério da Fazenda, pois se iludiu o eleitorado sobre o PIB, emprego, desmatamento, moralidade, etc., deve saber iludir também os investidores, mostrando-lhes que a economia brasileira vai muito bem. O certo, todavia, é que nunca na História brasileira houve tanta exposição de maus costumes governamentais como nos governos destes últimos 12 anos. Se um empresário sofresse assaltos em sua empresa durante oito anos, em R$ 10 bilhões, e não percebesse nada, ou seria fantasticamente incompetente ou decididamente conivente. Quando presidi a Academia Paulista de Letras, meu saudoso confrade Crodowaldo Pavan perguntou-me se sabia quanto dura 1 bilhão de segundos. Disse-lhe que não sabia. Contou-me, então, que 1 bilhão de segundos correspondem a 31 anos e meio! Nós não temos dimensão do que seja R$ 1 bilhão. E já foram detectados desvios de, pelo menos, R$ 10 bilhões!!! Compreende-se a razão por que o governo, acuado por tais escândalos, procurou editar o Decreto n.º 8.243/2014 – felizmente derrubado na Câmara dos Deputados -, mediante o qual, no estilo das semiditaduras da Venezuela, da Bolívia e do Equador, prescindiria do Congresso Nacional para governar. A tristeza que sentem todos os brasileiros que lutam por bons costumes na política, na profissão, em sua vida social e familiar, por verem o País assim desfigurado perante o mundo, não deve, todavia, inibir o povo de lutar contra a corrupção, o que se principia por diagnosticar o mal e combatê-lo, mesmo que isso implique o profundo desconforto de dizer que a presidente Dilma Rousseff governou atolada na pequenez pouco saudável de um governo ora incompetente, ora corrupto. Como terá mais quatro anos para governar, que faça seu "mea culpa" perante a Nação e recomece a caminhada, sabendo escolher pessoas competentes, honestas, dignas e que estejam dispostas a fazer que seu governo passe à História bem avaliado, depois do desastre do primeiro mandato. Para isso deve abandonar o discurso da luta de classes, distanciando-se dos "progressistas" da Venezuela e de Cuba, que pretendem tornar todos os ricos, pobres. Que siga o exemplo dos "liberais" dos Estados Unidos e da Alemanha, que querem tornar todos os pobres, ricos."

As Federações representam, em princípio, um custo econômico e financeiro maior para as sociedades. As descentralizações administrativas, políticas e financeiras criam novas esferas de poder, que podem gerar conflitos, de um lado, mas, certamente, geram um custo maior a ser suportado pela sociedade.[122]

---

122. Escrevi no artigo "O custo da Federação" (O Estado de São Paulo, 23/01/1992) que:
"Arnold Toynbee, no livro "Um estudo da História" (Ed. Martins Fontes, tradução de Isa Silveira Leal e Manoel Silveira, p. 1986), às páginas 162 a 180, faz menção a dois mecanismos que podem levar as civilizações ao sucesso e ao fracasso. Pelo primeiro (mimese), os povos capazes de perceber que o maior complexo das relações sociais de qualquer natureza – e o social aqui é aplicado como adjetivo vinculado ao substantivo sociedade – é mecânico, mas reconhecem, como no organismo físico; que uma parte depende da vontade e" das decisões de comando, podem gerar a criatividade necessária para superar os desafios que ocorrem, em cada instante histórico e em cada espaço geográfico. E serão bem sucedidos. Se, ao contrário, a repetição dos gestos mecânicos do organismo social – como naquele físico esclerosado – se estender à parte orgânica,que depende da vontade, havendo uma "inversão" de papéis, o Estado criador torna-se um Estado repetitivo e o colapso da Nação ocorre. Justifica assim o fracasso político do povo judeu, a falência do helenismo, a derrota de Roma, para não se falar das civilizações nascidas no Próximo, Médio e Extremo Orientes, antes do apogeu daquelas três.
Tais considerações trago à reflexão dos leitores do Estado sobre o momento brasileiro, que, a meu ver, pela repetição de fórmulas ultrapassadas e pela falta de criatividade para enfrentar os desafios atuais, está retratando uma nação, que se esfrangalha, sem um projeto inovador.
O primeiro ponto a se examinar – e neste artigo apenas dele cuidarei – é o do modelo de Estado federativo adotado, cujo custo político é incomensuravelmente maior do que os benefícios que tal forma de Estado poderia oferecer à sociedade brasileira.
Os ideais políticos brasileiros da segunda metade do século passado centravam-se em três bandeiras hasteadas por todos os homens de consciência da época, inclusive os três jornalistas que fundaram A Província de São Paulo em 1875, a saber: Júlio de Mesquita, Rangel Pestana e Hipólito da Silva, ou seja: 1) a bandeira abolicionista; 2) a bandeira republicana e 3) a bandeira federalista. E as três saíram vitoriosas antes do encerramento do século, muito embora hoje tenha eu sérias dúvidas se o presidencialismo republicano adotado se revelou melhor que o parlamentarismo monárquico de D. Pedro II.
A Federação brasileira, todavia, veio à luz distorcida. Em verdade, a tradição histórica do país – a começar quando Afonso Henriques, após a batalha de São Mamede, oferendou um novo modelo político à Europa – sempre esteve voltada para governos centrais fortes, como em Portugal, único a ostentar, naquele continente, um rei que governava, ao contrário dos demais Estados europeus, em que os reis fracos eram dirigidos por senhores feudais ou nobres fortes. Tal centralização continuou nas colônias lusitanas, sendo a principal responsável pela manutenção de um país

O ESTADO À LUZ DA HISTÓRIA, DA FILOSOFIA E DO DIREITO

com dimensões continentais, fenômeno político que as outras nações européias que chegaram à América não conseguiram assegurar. Canadá e Estados Unidos ganharam seu atual tamanho geográfico, não por força e gesto de um só povo, mas de acordos entre governos ou de conquistas posteriores à independência.

Por esta razão, a Federação brasileira, nas Constituições de 1891, de 1934 e de 1937, exteriorizou-se por modelo que tinha tal perfil apenas no texto da lei suprema. A de 1946 procurou alargar a descentralização federativa, novamente compactada em 1967 e na Emenda nº 1/69.

Na tentativa, todavia, de assegurar maior domínio político, Estados foram criados no período de exceção de 1964 a 1985, atingindo o número de 26 na atual carta, a qual se revelou federativa na realidade e não apenas na teoria constitucional. Outorgou, todavia, o constituinte de 1988, ao município o estatuto de entidade federativa, sendo o Brasil hoje o único pais civilizado em que a Federação integra o município entre seus participantes.

Na doutrina, tem-se discutido muito sobre tal modelo, que, politicamente, impõe um custo maior à sociedade, compensado nos países que o adotam por uma redução global do tamanho do Estado, em economias francamente liberais. É que, em vez de uma esfera de poder político, a Federação deve suportar duas, autônomas e não soberanas. Ora, o custo político adicional não retorna em serviços públicos para a população, visto que tais serviços são prestados pela administração, e não pelos políticos. No Brasil, contudo, sobre não ter o Estado diminuído sua ciclópica estrutura pela franca adoção de uma economia liberal que o tornaria também economicamente menos pesado à sociedade – criou uma terceira esfera de poder, a dos municípios, com autonomia amplamente alargada no texto constitucional de 1988. Desta forma, o brasileiro é obrigado, com seus tributos, exigidos pelas três esferas, a sustentar sua administração pública, além de cinco mil Poderes Executivos, cinco mil Poderes Legislativos e 27 Poderes Judiciários, que compõem os cinco mil entes federativos do Pais. E todo o drama nacional reside em que, apesar de a carga tributária em nível de produto privado bruto – isto é, do pagamento de tributos pela sociedade não governamental – ser a mais elevada do mundo (60% do PPB), é insuficiente para sustentar o custo político de uma Federação disforme, em que um dos Estados (Acre) tem menos população (393 mil habitantes) que o bairro de São Miguel Paulista, em São Paulo. Por estatísticas acientíficas, demagógicas e coniventes, os governos dizem que a carga tributária corresponde a 25% do PIB, que é formado, em mais de 50% pelas cinco mil entidades federativas que não pagam tributos.

Em outras palavras, o governo brasileiro compara a carga tributária do Pais com a de outros países, sem nunca se referir à participação da máquina estatal, que não paga tributos, no PIB dos outros países. Sem este referencial, a comparação reflete uma das mais fantásticas mentiras estatísticas de que se tem conhecimento.

Compreende-se, pois, a razão do aético acordo da rolagem da dívida interna de Estados e municípios com a União, no Valor de dois terços da dívida externa brasileira, à custa do exaurido contribuinte.

Estou convencido de que a Federação brasileira não cabe no PIB nacional e, se não pensarmos – todos e de imediato – em reduzi-la a Estados com densidade econômica própria, transformando os demais, em Territórios Federais, que não têm o custo de uma estrutura política regionalizada, o Pais não sairá da crise em que está. O tema é delicado, mas, se não for enfrentado por esta geração, a geração futura estará definitivamente comprometida".

As grandes extensões territoriais pressupõem este nível de descentralização, que as Federações com esferas diversas de poder propiciam. Brasil, Argentina, Canadá, Estados Unidos são federações com grandes extensões territoriais.[123] Alemanha e Suíça são federações pequenas, mas justificadas pela sua origem: na Alemanha, pela unificação de diversos reinos e, na Suíça, pela existência de cantões com culturas e idiomas diferentes.

Os Estados unitários, como França e Portugal, não têm o custo intermediário de poder distritalizados (Estados, Cantões, Províncias), pois o contato direto entre o governo central e os Municípios assegura um custo menor a ser suportado e maior governabilidade devido à centralização das políticas públicas.

A Federação é sempre mais onerosa, pois o mesmo cidadão tem que suportar o custo político do poder central e o custo político do poder descentralizado e autônomo, o que não ocorre nos governos unitários. O custo social é comum aos dois sistemas, lembrando-se que, no Brasil, o Município, a partir da Constituição de 1988, tem "status" de entidade federativa (art. 18), com sua tríplice autonomia assegurada (política, administrativa e financeira).[124]

---

123. É de se lembrar que nos Estados Unidos de 1776 a 1787, quando da promulgação de sua Constituição de sete artigos, discutiu-se se as treze colônias deveriam formar uma confederação de 13 países ou uma federação de 13 Estados correspondentes a união das 13 colônias que tinham se libertado do jugo inglês, prevalecendo esta última solução.

124. O art. 18 tem a seguinte dicção:
Art. 18. A organização político-administrativa da República Federativa do Brasil compreende a União, os Estados, o Distrito Federal e os Municípios, todos autônomos, nos termos desta Constituição.
§ 1º - Brasília é a Capital Federal.
§ 2º - Os Territórios Federais integram a União, e sua criação, transformação em Estado ou reintegração ao Estado de origem serão reguladas em lei complementar.
§ 3º - Os Estados podem incorporar-se entre si, subdividir-se ou desmembrar-se para se anexarem a outros, ou formarem novos Estados ou Territórios Federais, mediante aprovação da população diretamente interessada, através de plebiscito, e do Congresso Nacional, por lei complementar.
§ 4º A criação, a incorporação, a fusão e o desmembramento de Municípios,

Adolf Wagner, nos fins do século XIX, formulou teoria do crescimento permanente das despesas públicas, pois a máquina estatal é insaciável e de onde pode tirar recursos, tira-os.[125]

É esta a razão pela qual as máquinas administrativas, por meio da história, são cada vez mais caras, geradoras de obrigações impostas ao cidadão, muitas vezes, desnecessárias, a serem suportadas por tributos que crescem na medida do crescimento da máquina.

Alvin Toffler, no seu "A terceira onda", mostra que os integradores do poder (burocratas) são os grandes multiplicadores de exigências e controles sobre a sociedade, pois assim também proliferam os cargos na administração, que passam a ser preenchidos, quase sempre de forma permanente, por estes burocratas. Chega a considerá-los mais importantes do que os políticos, que sobem e caem de acordo com a vontade popular ou sua incapacidade de manipular as maiorias, enquanto, no momento que se enquistam no poder, os burocratas raramente saem de lá.[126]

---

far-se-ão por lei estadual, dentro do período determinado por Lei Complementar Federal, e dependerão de consulta prévia, mediante plebiscito, às populações dos Municípios envolvidos, após divulgação dos Estudos de Viabilidade Municipal, apresentados e publicados na forma da lei.

125. Eurico Korff lembra que: "A maciça expansão da despesa pública, neste século, em função das tarefas grandemente ampliadas do poder público, sob a pressão dos fatos sociais e econômicos e em termos tanto estruturais como conjunturais, rompeu, uma por uma, todas as restrições e controles.
Assim foram levados de roldão os tabus remanescentes da chamada era victoriana – o da limitação das despesas ao mínimo e o do equilíbrio orçamentário; quanto ao primeiro dos dois aspectos, já previstos por Adolf Wagner, no fim do século passado, com a formulação da sua "lei de dilatação crescente da despesa pública", e, quanto ao segundo, como reflexo inevitável das seqüelas da crise de 1929 e da irrupção da teoria keynesiana" (BOMFIM, Paulo. *Caderno de direito econômico n°. 2*. Belém: Editora CEEU/CEJUP, 1986. p. 37).

126. Alvin Toffler escreveu entre 1975 e 1990 três livros de estudos antecipatórios que provocaram imensa reflexão. "O choque do futuro", em que mostra os novos padrões morais ou desfigurados da sociedade, "A terceira onda" em que mostra a evolução da sociedade de serviços, depois da onda agrária (1ª.), industrial (2ª.) e "Guerra e antiguerra" em que apresenta a guerra futura como uma guerra da informação e da informática.

As máquinas administrativas crescem sempre e seu crescimento, numa Federação, é sempre superior ao dos governos unitários.

Quando se diz que a carga tributária, em determinado país, é alta, verifica-se que a carga burocrática que a condiciona é que é alta. Veja-se, por exemplo, no Brasil. Em 2012, o Bolsa Família atendia 13 milhões de famílias e tinha um orçamento quase 10 vezes menor que o da mão de obra ativa e inativa da União, que atendia pouco mais de um milhão de servidores.[127]

E o grande problema da administração pública, multiplicador de exigências, de regulamentações, em que tudo se regula e deve obedecer parâmetros impostos pelos "técnicos burocratas", é de que, quanto maiores forem as exigências, tanto mais se justifica a presença dos burocratas no poder, passando a ser indispensáveis.

É interessante que, em todos os países, fala-se em simplificação de procedimentos, da burocracia, das exigências tributárias, sociais, previdenciárias etc. A sociedade e os intelectuais reconhecem a necessidade disso, mas, na prática, os anticorpos da administração pública protegem aqueles enquistados no poder e raramente dão apoio a alternativas simplificadoras.

É que o servidor público, na grande maioria, quando presta concurso, presta-o para ter "segurança funcional" e não ficar sujeito a desemprego ou as alternativas de mercado, sendo o "servir ao público", nos três poderes, efeito colateral, mas não necessário, de suas funções. A expressiva maioria, em parte sem plena consciência dos motivos que a levaram a prestar serviços públicos, busca, fundamentalmente, a

---

127. Em 2014 contava a União com aproximadamente 700.000 servidores concursados, 113.000 comissionados, enquanto os Estados Unidos tinham em torno de 4.000 não concursados e a Alemanha 600 (O Estado de São Paulo, p. 3, 03/01/2015).

segurança na vida, mais do que servir. Servir-se, mais do que servir.[128]

Por esta razão, é que o Estado é pouco criativo. Os que ousam enfrentar as dificuldades da vida fora da máquina pública têm que contar com criatividade, valor, estudo e luta para conformarem, num mundo em permanente evolução, as condições de crescerem.

O setor não governamental é sempre muito mais gerador de riquezas e de criatividade que os burocráticos projetos governamentais, que quase sempre são também envolvidos em processos em que a moralidade pública resta muitas vezes maculada.[129]

Quanto mais pesada for uma Federação, quanto mais pesada for a burocracia reinante, tanto menos evolui uma nação, pois tende ela a estagnar-se, involuir, decompor-se, prejudicando o empreendedorismo da nação.

Não sem razão, a história demonstra o fracasso econômico e criativo da União Soviética, o desastre econômico de Cuba, Venezuela. A China só evoluiu, a partir do momento em que desburocratizou a economia, adotando talvez a mais selvagem economia do mundo dos tempos atuais.

Não se pode, todavia, estudar o Estado moderno, desconhecendo estes elementos históricos, esta realidade filosófica. Embora seja entidade jurídica aperfeiçoada por intermédio

---

128. Quando presidia o Instituto dos Advogados de São Paulo, pediu-me o Consulado Americano para oferecer um jantar ao juiz da Suprema Corte dos Estados Unidos da América, Anthony Kennedy, convidando os principais constitucionalistas de São Paulo, pois ele era professor de Direito Constitucional. Convidei oito constitucionalistas para o jantar, entre eles Manoel Gonçalves Ferreira Filho, Celso Bastos, José Afonso da Silva. Contou-nos que nenhum dos oito –são nove- juízes da Corte tinham carro pago pelo Tribunal. Só o presidente possui tal direito. No Brasil, todos os magistrados de Tribunais têm carro e motorista.

129. O caso da Petrobras no Brasil é, talvez, a maior demonstração de concussão e corrupção de sua história. A imprensa mundial considera o principal caso de corrupção do mundo, tornando o governo de Lula e Dilma o mais corrupto da história brasileira.

dos tempos, sua concepção é fundamentalmente uma concepção pragmática, à luz de um direito em constante mutação.

Como mostrarei, no último Capítulo deste livro, tal mutação, num mundo de sete bilhões de pessoas e conhecimento geral cada vez maior ao alcance de todos, há de exigir muito mais do que as arcaicas e insuficientes estruturas atuais do Estado estão a permitir.[130]

O certo, todavia, é que não se pode estudar o Estado moderno, sem perceber que é controlado por burocratas e políticos e subordinado ao Direito que produz, ao modelo filosófico que adota e aos recursos que consegue retirar da sociedade. Procuram, os que o estudam, buscar na história as sementes que levaram a esta encruzilhada, sopesando as lições passadas e projetando as sementes futuras. A dimensão de desafios parece, à primeira vista, muito além da percepção das atuais lideranças mundiais.

1.10. A economia e a questão social

A história tem demonstrado que, quando a economia vai bem, o povo pouco se importa com o sistema de governo. A esmagadora maioria das pessoas só se interessa por política, se as coisas não vão bem.

Na época do "milagre brasileiro" (1967-1972), isto é, antes do 1º grande choque de petróleo, o mais duro dos presidentes militares do regime de exceção de 1964/1985, o General Médici, foi aplaudido delirantemente pelo povo no Maracanã, para o último jogo Brasil x Portugal, no Mundialito de 1972.

---

130. Thomas Piketty, em seu livro "Le capital au XXI Siécle", pretende e a meu ver, de forma utópica, equacionar os problemas pela redistribuição de riquezas via maior tributação sobre os ricos que investem, de forma universal. Seu erro reside em não perceber que o Estado é mau distribuidor de riquezas, ficando os tributos recolhidos a servir mais políticos e burocratas que o povo.

Perón, no início de seus governos teve apoio da população, em época em que a Economia mundial recuperava-se da 2.ª Guerra Mundial, graças ao Plano Marshall.[131]

Getúlio, em período de tranquilidade econômica, conviveu com regimes ditatoriais que admirava. Foi, contudo, obrigado a entrar no conflito em face do afundamento de navio brasileiro em nossas costas, presumivelmente torpedeado por submarino alemão.

Durante a 2ª Guerra Mundial, por ter mantido o Brasil até 1944 fora dos cenários de destruição da Europa, foi apenas fornecedor de bases locais e de apoio estratégico. Nada obstante a promulgação da "Constituição Polaca", administrou um período de tranquilidade, que nem mesmo os racionamentos pontuais prejudicaram, inclusive tendo substituído o combustível importado por carros de gasogênio.[132]

A história demonstra que são os políticos, que gostam da política, que a forjam, manipulando, para o bem ou para o mal, o povo. Este, com ela pouco se importa, se as coisas vão bem. Só passa a interessar-se, quando vão mal, do ponto de vista econômico.

---

131. Escrevi: "Em 1964, após ter sido indicado para orador oficial na solene aprovação dos Estatutos da União das Comunidades de Cultura Portuguesa, realizada no Castelo de Guimarães, o então primeiro ministro português, Prof. Oliveira Salazar, convidou-me para uma conversa informal, em Lisboa, na Assembléia Nacional.
Nesta conversa, sobre os mais variados assuntos, o ilustre financista expôs-me sua pessoal convicção de que nenhuma potência do globo, por mais poderosa que fosse, teria, em qualquer momento, condições de solucionar todos os problemas do seu mundo e que esta observação ele fizera ao governo americano, logo após a 2.a Guerra Mundial.
E disse-me mais que se os países mais desenvolvidos não compreendessem esta realidade do viável e do mais importante para as suas seguranças, correriam o risco de uma rápida perda de vantagem ou início de desvantagem perante seus adversários" (MARTINS, Ives Gandra da Silva. *Desenvolvimento econômico e segurança nacional:* Teoria do limite crítico. São Paulo: José Bushatshky, 1971. p. 146).

132. Getúlio Vargas que, pela Constituição de 1937, podia inclusive mudar as decisões do STF, escreveu um livro (5 volumes) intitulado "A nova política do Brasil" que lhe valeu uma cadeira na Academia Brasileira de Letras. O caustico Agripino Grieco comentou que das 40 cadeiras da ABL, Getúlio era o zero dos quarenta.

O povo não é político e quer paz, emprego, direito à saúde, direito à educação e direito à moradia.

Quando encontra tudo isso, pouco se importa com o regime político imposto pelos detentores do poder.

Os políticos, estes sim, vivem em função do poder ou dos benefícios que obtém, o mais das vezes, com acentuado direcionamento de benesses "pro domo sua", algumas legais e outras, decididamente, espúrias, advindas da corrupção, concussão, fraude, dolo ou má-fé, ao ponto de Lorde Acton ter afirmado que o poder corrompe sempre e o poder absoluto corrompe absolutamente.

Ayn Rand, em seu livro "A revolta de Atlas" ou no título original inglês "Quem é Jonh Galt", mostra como os políticos são maus condutores da economia, assim como os burocratas. As regras que impõem à sociedade para controlá-la e não permitir qualquer benefício maior, que não possa ser pelos governos apropriados, torna a economia sempre mais vulnerável. Nos países em que a interferência deste duo no poder é menor, a economia evolui, estagnando sempre que políticos e burocratas buscam influenciar as soluções. O fato é que os principais beneficiários, legal ou ilegalmente, são sempre os detentores do poder.[133]

Quanto mais regulamentada é uma economia, mais necessita de políticos e de burocratas, mais exige tributos para sustentá-la e mais descompetitiva fica para quem, tendo poder de empreender, é cerceado por quem não tem vocação de empreendedorismo, mas apenas vocação para deter o poder e dele beneficiar-se.[134]

---

133. No livro, todos os empreendedores, que são perseguidos pelos burocratas "distributivistas", corruptos, vão deixando seus empreendimentos, inviabilizados pelo governo, e retiram-se, com o que a economia entra em colapso, por falta de iniciativa e criatividade.

134. No referido romance de Ayn Rand, os medíocres que assumiram o poder pretenderam ter tais empreendedores, com capacidade de criação, submetidos ao governo apoiando apenas os "amigos do rei" que usufruíam de benesses, dádivas. Mostra Ayn Rand que tal "saque à economia" tem sempre o destino de fracasso ro-

O ESTADO À LUZ DA HISTÓRIA, DA FILOSOFIA E DO DIREITO

Burocratas, políticos e amigos do rei, empresários medíocres que vivem à sombra do poder para conduzir seus empreendimentos com transferências de recursos e tecnologia que não criam, mas apropriam-se dos que a desenvolvem, terminam por tirar a criatividade e competitividade da nação. Todos eles acabam por ser derrotados, mas a derrota maior é da nação, que se arruína por ação dos próprios detentores do poder.[135]

Vive-se, em boa parte do mundo, e, certamente, no Brasil, anestesiada mentalidade de que tudo se justifica à luz do "social". Dizem que a distribuição de rendas é uma forma de permitir o crescimento. A outorga do "Bolsa Família" a milhões de brasileiros – uma espécie de aposentadoria precoce sem projetos de crescimento individual dos beneficiários – permitiu a distribuição de renda. No entanto, os dados do 1º governo Dilma desmentem tal assertiva.

---

tundo e a revolta do povo.

135. Roberto Campos lembra que: "Isso me leva a crer que num país dualista – com um vasto "exército de reserva" de mão-de-obra – a redistribuição de renda por via salarial não é a mais eficaz. A legislação de 1965 se baseava em filosofia diferente: a redistribuição de renda deveria ser feita por benefícios indiretos, isto é, através do aumento do salário social resultante de investimentos sociais – habitação, educação, saúde, e assistência social.
A distribuição de renda por via indireta tem as seguintes vantagens:
— Não exacerba a remarcação de preços pelo empresário, pois que os benefícios indiretos financiados por via fiscal não são percebidos como custo direto de produção;
— Não discrimina contra os sindicatos de menor agressividade política e reivindicatória; e
— Não exacerba o desemprego resultante da tentativa de se aumentar o salário real em descompasso com a produtividade real da economia.
A rebeldia da economia do mercado é sem dúvida amofinante para o legislador. Quando se legislam salários acima da produtividade, os empresários podem:
— Reduzir seus lucros o que, após certo limite, leva à redução do investimento de hoje e, portanto, do emprego de amanhã;
— Remarcar preços, o que, se o mercado aceita, anulará o ganho real do assalariado; e
— Despedir trabalhadores e cancelar novas contratações, com o resultado que o aumento de renda real de alguns significará perda de renda real de muitos" (CAMPOS, Roberto. *Ensaios imprudentes*. Rio de janeiro: Record, 1986. p. 34-35).

De certa forma, o País está se tornando uma nação de não trabalhadores sustentados pelo Estado, que pouco evoluem – veja-se os baixos índices da educação no Brasil comparados com outros países, inclusive emergentes –, pois o Estado garante o "dolce far niente" com recursos, que não são muitos (- 2% de todo o orçamento federal), mas que promovem o assistencialismo barato e descuram do desenvolvimento da personalidade humana e de auxílio futuro para a nação.

A Constituição Federal faz menção aos grandes fundamentos do poder econômico: a livre iniciativa, a livre concorrência e a justiça social, estando o "caput" do art. 170 e o inciso IV assim escritos:

> Art. 170. A ordem econômica, fundada na valorização do trabalho humano e na livre iniciativa, tem por fim assegurar a todos existência digna, conforme os ditames da justiça social, observados os seguintes princípios: (...)
>
> IV - livre concorrência; (...)[136]

Sabiamente, o constituinte brasileiro colocou dois fundamentos e 9 princípios essenciais, na mais liberal das nossas sete Constituições, pois pela primeira vez faz menção à "livre concorrência", como fator de desenvolvimento, sobre tornar o planejamento econômico plenamente facultativo para o setor privado, como exposto no "caput" do art. 174 da Lei Suprema:

> Art. 174. Como agente normativo e regulador da atividade econômica, o Estado exercerá, na forma da lei, as funções de

---

136. Celso Bastos assim o comenta: "A livre concorrência é indispensável para o funcionamento do sistema capitalista. Ela consiste essencialmente na existência de diversos produtores ou prestadores de serviços. É pela livre concorrência que se melhoram as condições de competitividade das empresas, forçando-as a um constante aprimoramento dos seus métodos tecnológicos, à diminuição dos seus custos, enfim, na procura constante da criação de condições mais favoráveis ao consumidor. Traduz-se, portanto, numa das vigas mestras do êxito da economia de mercado. O contrário da livre concorrência significa o monopólio e o oligopólio, ambos situações privilegiadoras do produtor, incompatíveis com o regime de livre concorrência" (MARTINS, Ives Gandra da Silva; BASTOS, Celso. *Comentários à Constituição do Brasil*. v. 7. 2. ed. São Paulo: Saraiva, 2000. p. 27).

fiscalização, incentivo e planejamento, sendo este determinante para o setor público e indicativo para o setor privado [137]

Ora, em matéria de desenvolvimento econômico, faz muito o governo que não atrapalha, que não cria obrigações para justificar a multiplicação de cargos, pois, num mundo cada vez mais competitivo, tais barreiras burocráticas e administrativas transformaram-se num peso que tira vigor à nação e dificulta superar a concorrência nos mercados internacionais.

Além disso, reduz a evolução tecnológica, algo que, nos últimos anos, graças a sua mentalidade distributivista sem contrapartida e não desenvolvimentista, o Brasil piorou, consideravelmente. Só não entrou em colapso econômico como outros países com igual mentalidade econômica (Venezuela, por exemplo), por força do brilhantismo do Plano Real, que é ainda – apesar de combatido selvagemente à época, pelos atuais detentores do poder – o melhor feito da economia brasileira, desde a Constituição de 1988.

Eliminação do déficit público para não pressionar a inflação, criação de reservas para evitar especulações e afastamento de todos os índices de correção, fazendo-os desembocar num único índice oficial (URV), com o qual conviveram por um pequeno período com duas moedas (de pagamento e de contas). Tais moedas transformaram-se numa única moeda, quando a esmagadora maioria dos índices corretivos – com prazos e métodos diferentes de correção – desaguaram

---

137. Manoel Gonçalves Ferreira Filho esclarece: "Forma ou tipo de economia. Este artigo é a chave de toda a ordem econômica da Constituição: é o que define a forma da economia, pelo viés da determinação do papel do Estado. Torna-se patente que a economia prevista pela Constituição não é uma economia centralizada, comandada pelo Estado, mas uma economia descentralizada, de mercado, todavia sujeita a uma ação do Estado, de caráter normativo e regulador (cf. meu Direito constitucional econômico, São Paulo, Saraiva, 1990, p. 9 e ss.).
Claro aqui fica que este papel é o de "agente normativo" e o de "agente regulador", e nenhum outro, da atividade econômica. Sem dúvida, a estes dois se acrescente o de "agente empresarial", mas excepcionalmente e nos termos do art. 173, caput (v. supra)" (FERREIRA FILHO, Manoel Gonçalves. *Comentários à constituição brasileira de 1988*. v. 2. São Paulo: Saraiva, 1999. p. 182).

na URV. Naquele dia acabou a inflação no País. A inexistência de déficit público deixou de pressionar os preços e as reservas cambiais evitaram a especulação.[138]

Apesar de vigorosamente combatido pelos atuais detentores do poder, tal plano é que lhes dá, até hoje, o fundamento de sua economia, minimizando todos os estragos feitos pela desestruturação da indústria nacional, por um controle anacrônico de preços para segurar a inflação –desde Hamurabi o congelamento de preços é um fracasso[139] – e por esclerosamento da máquina estatal, aparelhada de correligionários e de "companheiros" (são 113.000 pessoas não concursadas do

---

138. Foi o Plano Real que permitiu o Brasil enfrentar a crise de 2008/2009. Escrevemos, Fernando Alexandre, João Sousa Andrade, Paulo Rabello de Castro, Pedro Bação e eu, sobre a crise financeira de 2008/2009 que: "Os emergentes desenvolvidos, de rigor, são os BRICs, acompanhados da Argentina e do México, que sofreram na medida do seu maior ou menor envolvimento com os países desenvolvidos.
O Brasil, por exemplo, dependia do mercado exterior em 25%, enquanto o México dependia em mais de 50%. À evidência, o impacto negativo no México foi superior ao do Brasil. No Brasil, os estímulos ao mercado interno compensaram em parte a perda do
mercado externo, que se deveu a três factores: falta de crédito, redução do preço das mercadorias e contracção do mercado exportador em resultado da crise internacional. A recuperação, todavia, já aparenta estar em curso em meados de 2009, ajudada por uma política de estímulos fiscais para sectores sensíveis da economia (automóveis, electrodomésticos e outros de grande impacto no consumo) capaz de manter um nível de produção elevado. Por exemplo, venderam-se mais automóveis no ano de 2009 que em 2008, no mercado interno.
Acresce que o Brasil tem uma banca sólida, decorrente de dois factores. O primeiro é ter atrasado a sua entrada na euforia global de criação e investimento nos títulos que acabaram por estar na origem da crise financeira. Em segundo lugar, por mais de metade dos seus activos financeiros serem títulos públicos. É comum afirmar-se, no Brasil, que a banca brasileira vale o que vale o governo. A manutenção de juros elevados, por outro lado, não provocou a fuga de recursos que outros países emergentes conheceram, demonstrando que a economia brasileira é mais sólida que a da maior parte dos países emergentes" (CASTRO, Paulo Rabello de. *A crise financeira internacional.* São Paulo: Lex Editora, 2010. p. 98).

139. Entre as normas de "congelamento" de preços e de normação da Economia, leia-se o dispositivo 264 do Capítulo XXII: "*Si un pastor a quien le ha sido confiado ganado mayor o menor para apacentarlo, ha recibido todo su salario a plena satisfacción suya deja que el ganado mayor disminuya y que disminuya también el ganado menor con lo cual ha hecho decrecer la reproducción, según los términos de su contrato debrá entregar las crias del rebaño y los beneficios*" (CÓDIGO DE HAMMURABI. Edición preparada por Federico Lara Peinado. Espanha (Madrid): Editora Nacional, 1982. p. 120).

governo federal).

Pouco habilitados ao empreendedorismo, sem qualificação maior do que apenas querer o poder pelo poder e dele usufruir as benesses, estão tirando dos verdadeiros empreendedores seu espírito criador. Para tais "operadores do poder" Ayn Rand, se vivesse, teria ofertado o mesmo nome que deu aos governantes dos Estados Unidos da América, no seu romance, ou seja, "os saqueadores".

O mundo atual já não mais permite – se os atuais detentores solucionarem os desafios que apresentarei no último Capítulo, o que não creio – que a incompetência "comande o desenvolvimento".

Todos os países que se preparam para passar à frente em nível de educação e de tecnologia, buscam a desburocratização e a redução do tamanho da ineficiência da máquina pública, não sendo mais possível viver à luz exclusivamente das relações internas, em face do crescimento do mundo.

A globalização da economia é uma realidade e só os países mais competentes poderão dela usufruir. A própria evolução econômica leva à melhoria da questão social, pois o emprego é uma decorrência natural desta evolução, nada obstante a crescente automação dos processos industriais pelo globo.

A China, com PIB menor que o do Brasil em 1994, é hoje a segunda maior economia do mundo e prevê-se que, até 2020, terá ultrapassado o PIB dos EUA.[140]

Thomas Piketty, no seu livro "*Le capital au Siécle XXI*", brilhante, em nível das estatísticas levantadas, mas contestável em nível de conclusões, – algumas delas nitidamente estribadas na sua crença de um Estado distribuidor de bem estar social por meio de tributos arrecadados –, apresenta a

---

140. Em um ano, o real foi a terceira moeda que mais desvalorizou (Rússia, 73,4; Euro 21,3 e Real 18,5). A desvalorização da China foi de apenas 3,1% em relação ao Dólar (fevereiro de 2015). Corre, o Brasil, o risco de ter um PIB em fins de 2015 inferior a dois trilhões de dólares.

evolução da renda e do patrimônio dos povos, principalmente de 1770 para cá, mostrando que a diferença percentual entre o retorno para os empreendedores, detentores do patrimônio e o povo em geral continua a mesma, muito embora a qualidade de vida tenha crescido, excepcionalmente, daquela época para os dias atuais. Isso demonstra, claramente, aspecto por ele não examinado, ou seja, que o empreendedorismo dos detentores de capital e seu retorno foi útil à humanidade.[141]

É de lembrar-se que, sempre que o Estado interveio como gerador da economia, como ocorreu na antiga União Soviética, o progresso foi menor e quase nulo, como pode ser constatado nas economias de Cuba ou da Venezuela.

Em outras palavras, tendo melhorado de 1770 para 2012 a renda dos povos, é contestável a desejada igualdade de Piketty, que pretende seja alcançada por tributação adicional sobre os ricos. É que criaria um peso adicional a este empreendedorismo, visto que o Estado é um não distribuidor de riqueza. Grande parte do que tira da sociedade, por tributos, fica com as estruturas dos próprios detentores do poder.

À evidência, não estou pretendendo que se tirem direitos sociais e garantias dos trabalhadores. Quando a outorga, todavia, de tais direitos gera descompetitividade, por excessivos e desrelacionados com o desenvolvimento, o corolário natural é o desemprego, a diminuição de desenvolvimento econômico e crises sociais e políticas.[142]

É bem verdade que o Estado do bem estar social, que parece estar em pleno processo de revisão, é fator que, a meu ver, debilitou as estruturas da União Europeia. Nada obstante a inteligente argumentação que embasou sua criação, o certo é que o lazer, o descanso, o trabalho cada vez menor e o

---

141. PIKETTY, Thomas. *Le capital au Siécle XXI*. Paris: Editions Du Seuil, 2013.

142. Roberto Campos ironiza: "XXV. Os comunistas sempre souberam chacoalhar as árvores para apanhar no chão os frutos. O que não sabem é plantá-las ..." (DRUMMOND, Aristóteles (Org.). *O homem mais lúcido do Brasil*. As melhores frases de Roberto Campos. São Luís: Resistência Cultural, 2013. p. 97).

usufruir a vida cada vez mais terminaram por produzir, na Europa, uma geração de "não trabalhadores europeus", cujas necessidades foram preenchidas por imigrantes dos países em desenvolvimento, que passaram a ser os que exercem as funções mais rudimentares, porém, necessárias.

O europeu, de certa forma, tendo desaprendido a arte de trabalhar, está ensejando que seu perfil étnico seja mudado pelos trabalhadores emigrantes, que, na busca de emprego, aceitam qualquer um para permanecerem nos países do velho continente.

Na minha trilogia de 1996-2000-2003 (Uma visão do mundo contemporâneo, A era das contradições e A queda dos mitos econômicos) previ a ocorrência da crise europeia de 2011 que, ao contrário da crise de 2008, foi mais uma crise de governos do que da economia privada, após a falência do "Lehman Brothers".[143]

---

143. Escrevi em 1996: "Ocorre que o objetivo maior do Tratado de Maastrich, que é o de permitir condições para a criação de uma moeda de pagamento europeia e não apenas escritural, é utópico, parecendo-me inviável seu sucesso.
De início, porque a estabilidade monetária pressupõe a estabilidade orçamentária e financeira de todas as nações comunitárias, estabilidade esta que depende do peso da burocracia, do nível de desenvolvimento, da carga tributária e do emprego, variáveis cada vez mais complexas no controle das finanças públicas de todos os países.
Cada vez mais uma correta política orçamentária, que permita o controle do déficit público e do endividamento estatal, é problemática, principalmente em face da falência do Estado do Bem Estar Social, que termina afetando as finanças de todos os países, desenvolvidos ou não.
Por outro lado, o crescimento do endividamento público em todas as nações, que não só gera crise de confiança em virtude de manobras cada vez mais sofisticadas dos governos do grupos dos sete, é fator que acaba por dificultar a criação de uma moeda estável e universal, lembrando-se que, mesmo na União Europeia, onde deverá ser adotada para alguns países mais evoluídos já no fim do século, não vigorará em toda a comunidade e nem é certo que possa ser mantida estável nos países em que for implantada, em face dos problemas peculiares de suas instituições burocráticas.
É de se lembrar que a moeda estável depende de um controle inflacionário que está na essência do controle do déficit público e do endividamento, realidades de mais difícil alcance, na conjuntura presente.
É de lembrar, também, que ao menor sintoma de descontrole orçamentário, a velocidade de circulação da moeda tende a crescer, tornando a equação de Fischer

Disse, então, que, de alguma forma, a União Europeia teria que passar por esta crise, que o Euro seria posto em xeque, que o excesso de direitos individuais provocariam crise de desemprego e que os governos burocratizados teriam dificuldade em conviver com o mecanismo que criaram.

Tal realidade já fora prevista por mim em 1996, como procurei demonstrar, ao lado de outros fatores que abordarei no segundo Capítulo (terrorismo, drogas, falta de valores, cibernética), naquele primeiro livro traduzido para o russo e romeno e também publicado em Portugal.[144]

$$P = \frac{MV}{T}$$

mais uma vez, uma verdade preocupante. Se a quantidade de moeda ou sua velocidade de circulação crescerem, mantendo-se estável o volume de transações, o nível de preços tende a crescer, pressionando a inflação.

Neste quadro, há de se considerar que, para manter uma moeda plurinacional estável – e não falo dos DES (Direitos Especiais de Saque), moeda apenas escritural entre as nações – o poder interventivo dos órgãos internacionais deverá ser cada vez mais poderoso, gerando, nos governos ou países em que tal moeda for adotada, tensões proporcionais aos desequilíbrios, que poderão refletir-se em alterações políticas e sociais de monta e, eventualmente, ruptura de instituições.

Entendo cada vez mais complexa a questão da universalização da moeda, mesmo em espaços plurinacionais reduzidos, em face da complexidade corrente da conjuntura integrativa e dos problemas que níveis diferentes de inflação podem acarretar. Não acredito no sucesso, nem mesmo na União Europeia, de uma moeda única (ECU), tendo sérias dúvidas – a não ser que se crie um Estado Universal, cada vez mais distante – de que isso seja possível no século XXI, mesmo considerando os avanços amalgamadores do mundo no final do século XX" (MARTINS, Ives Gandra da Silva. *Uma visão do mundo contemporâneo...* cit., p. 28-30).

144. Escrevi em 1996: "À nitidez, a permanência destes atritos com os atos terroristas decorrenciais, cada vez mais sofisticados, traz momento de descontinuidade ao equacionamento de problemas mundiais que transcendem as estruturas políticas e jurídicas da atualidade.

O confronto étnico longe está de ser estancado. O mundo inteiro paga um preço doloroso àqueles grupos que, menos fortes, recorrem ao terrorismo como forma de intimidação, gerando permanente instabilidade nas regras de segurança nacionais ou internacionais e evidente risco de agravamento, pela tecnologia crescente, do seu poder destruidor. Mormente quando os grupos raciais minoritários, por interesses políticos de outra natureza, terminam sendo levados por outros tipos de interesses e por nações que buscam benefícios indiretos de tais atos.

Estou convencido de que, cada vez mais, a incapacidade de os governos solucionarem os problemas das etnias dentro das nações gera descontinuidade e insegurança no mundo, com os riscos inerentes a gestos intimidatórios que passam a gerar pânico crescente.

É que a Economia não é um jogo de pôquer, nem é uma Ciência matemática. Não são as estatísticas, nem os "blefs" que geram desenvolvimento. Trata-se de uma Ciência psicossocial, que os vocacionados para a Economia entendem, e muito fazem os governos, quando não atrapalham.

A Economia é um jogo de xadrez. Quem conhece as regras tem o jogo à vista. Se não as conhece, mesmo olhando o tabuleiro, não consegue perceber as jogadas.

Ora, o excesso de planejamento econômico levou a União Soviética à derrocada e à desesperada tentativa de Putin de restabelecer o velho império, com excessiva intervenção. A queda do preço do petróleo, entretanto, está levando a uma crise econômica na Rússia, inclusive por reações de países que se sentem ameaçados, com a brutal desvalorização de sua moeda.[145]

O excesso de intervenção, o excesso de direitos sem deveres, gera, naturalmente, escassez de evolução, desestímulo ao empreendedorismo e fuga de cérebros, que deveriam ser a matéria-prima mais privilegiada por qualquer governo,

Sempre que um Estado está em crise, a história deveria ser revisitada para que se aprenda com os exemplos passados, como não cometer os mesmos erros, abandonando, a maioria de políticos e de burocratas, sua grande especialidade que é terem mentalidade de alquimista. Os alquimistas medievais tinham o hábito de sempre fazerem a mesma experiência, na esperança de que, um dia, ela desse certo.

Imagine-se grupos étnicos com artefatos nucleares ou com acesso aos instrumentos da guerra química ou biológica, que decidissem pôr em prática planos suicidas contra a humanidade. O que isto representaria nem a imaginação pode desvendar" (MARTINS, Ives Gandra da Silva. *Uma visão do mundo contemporâneo...* cit., p. 38-39).

145. Enquanto a Índia e Arábia Saudita, em um ano, não tiveram desvalorização perante o dólar de suas moedas, a Coréia do Sul teve 4,5%, a Suíça 6,4, a África do Sul 7,5, a Argentina 11,9, o Japão 16,5, a Rússia teve 73,4%.

Cometer os mesmos erros é obter os mesmos resultados. É o que se está vendo.

O caso da Venezuela, em matéria de planejamento econômico, parece-me o mais sintomático. O excesso de intervenção e a monumental incapacidade de gerar ambiente ao empreendedorismo estão levando o país ao descontrole inflacionário e à absoluta estagnação econômica, sendo qualquer planejamento econômico despiciendo, pois sem talentos e investidores para tal tarefa.[146]

O país não aproveitou, em virtude de seus medíocres líderes, o "boom do petróleo", com o que sua economia, anteriormente brilhante, tornou-se uma monoeconomia, na tentativa infeliz de resgatar os ultrapassados e fracassados temas marxistas (bolivarianismo). A Venezuela é hoje governada por um colegiado de incompetentes, que procura tudo controlar, apesar de tudo faltar, no vizinho país. Creio que Maduro bem faria se voltasse a dirigir caminhões, admitindo-se que pudesse ser um bom caminhoneiro, como o é, no Brasil, Chico da Boléia[147] – o que duvido.

O certo é que, na conformação que o Estado adotar, no regime democrático, que defendo, ou no ditatorial, que combato – mas que não posso desconhecer que, em alguns momentos, ao longo da história deu certo, veja-se no direito romano o ditador a prazo certo –, a economia é que dá a estabilidade aos

---

146. O mesmo se pode dizer em relação a Cuba. Escrevi: "A preferência da presidente Dilma Rousseff pelos regimes bolivarianos é inequívoca. Basta comparar a forma como tratou o Paraguai – onde a democracia é constitucionalmente mais moderna, por adotar mecanismos próprios do sistema parlamentar (*recall* presidencial) – ao afastá-lo do Mercosul e como trata a mais sangrenta ditadura latino-americana, que é a de Cuba.
A presidente do Brasil financia o regime cubano com dinheiro que melhor poderia ser utilizado para atender às necessidades do Sistema Único de Saúde (SUS), dando-lhe maior eficiência em estrutura e incentivos" (artigo "Médicos Cubanos", O Estado de São Paulo, 29/08/2013).
Talvez, por esta razão, os quatro anos do primeiro Governo de Dilma tornou-se o mais rotundo fracasso econômico da história brasileira.

147. Presidente do Sindicato dos Caminhoneiros e editor do Jornal dos Caminhoneiros.

regimes políticos, aos governos e às instituições. Uma Carta Política, com princípios, como fez o nosso constituinte, de justiça social e liberdade de iniciativa, sem excessos de lado a lado, pode ser muito mais útil à nacionalidade que o excesso de governo e a escassez de talentos na política e burocracia.[148]

1.11. A função da Lei Suprema

No Tratado que coordenei com Gilmar Mendes e Carlos Valder do Nascimento sobre a Constituição, conclui a primeira parte de um dos três estudos lá colocados (Uma teoria sobre a teoria das Constituições) da forma que se segue:

> Em resumo, o que pretendo, de forma perfunctória, dar relevo, neste breve estudo, é que as teorias do direito constitucional:
>
> 1) são uma classificação da história política juridicizada dos diversos povos;
>
> 2) decorrem de processos históricos e pouco os influenciam, servindo de mero "estoque de prateleira", à disposição dos movimentos políticos, em permanente mudança;

---

148. Alexandre de Moraes comenta: "O art. 170 da Constituição Federal, com a nova redação que lhe deu a Emenda Constitucional nº 6/1995, consagrou a ordem econômica, fundada na valorização do trabalho humano e na livre iniciativa.
Igualmente, o art. 170 estabeleceu a finalidade à ordem econômica constitucional: garantia de existência digna, conforme os ditames da justiça social.
Por fim, o art. 170 enumerou os princípios regentes da ordem econômica brasileira: "(...) I - soberania nacional; II - propriedade privada; III - função social da propriedade; IV - livre concorrência; V - defesa do consumidor; VI - defesa do meio ambiente, inclusive mediante tratamento diferenciado conforme o impacto ambiental dos produtos e serviços e de seus processos de elaboração e prestação; VII - redução das desigualdades regionais e sociais; VIII - busca do pleno emprego; IX - tratamento favorecido para as empresas de pequeno porte constituídas sob as leis brasileiras e que tenham sua sede e administração no País."
A Carta Magna, ainda, assegurou a todos o livre exercício de qualquer atividade econômica, independentemente de autorização de órgãos públicos, salvo nos casos previstos em lei.
Tais princípios, conforme lembra Manoel Gonçalves Ferreira Filho, tem como finalidade a existência digna do homem, concluindo que "reflete-se aqui o ensinamento de São Tomás de Aquino, para o qual era essa a própria essência do bem comum" (MORAES, Alexandre de. *Constituição do Brasil interpretada e legislação constitucional*. 9. ed. São Paulo: Atlas, 2013. p. 1876-1877).

3) adaptam-se às novas realidades – como a rejeitada Constituição européia, já em pleno vigor sem tal conformação, através das diretivas comunitárias –, formulando-se sempre novas soluções; as passadas servem, no máximo, para reflexão acadêmica e evolução de países menos avançados nos caminhos da democracia;

4) são permanentes, em todos os textos modernos, os direitos fundamentais do ser humano – a meu ver, direitos inatos e imodificáveis – que conformam os regimes democráticos;

5) a escultura das modernas constituições é decorrente de um processo historicista-axiológico e as teorias constitucionais meras adaptações posteriores, classificatórias e enunciadoras dos acontecimentos que as antecedem e as perfilam;

6) vale o seu referencial, menos para orientar os processos políticos geradores do direito constitucional de um povo ou de uma comunidade de nações, e mais para permitir aos não políticos – juristas e operadores do Direito – a percepção do fenômeno existencial e da vida política, individual e social do homem, ao longo da história, ajudando-o a conviver, na sociedade democrática.[149]

Hoje, o Tratado de Lisboa substituiu a necessidade de um texto Supremo na União Europeia.

Procurei, então, mostrar que, por mais relevante que seja a função do intérprete do Direito, doutrinador ou magistrado, ela é sempre explicativa e decorrencial da atividade de políticos e de burocratas, que são os verdadeiros geradores do Direito.

O jurista percebe os fatos criados pelos políticos, ajuda o legislador a juridicizá-los, o magistrado a interpretá-los. Mas o Direito, que é a vida em sociedade, é sempre definido pelos que exercem o poder. São eles que o conformam e o aplicam, com maior ou menor eficiência, com maior ou menor participação popular, em função das circunstâncias do momento e da oposição dos adversários ou de sua ausência. Nas democracias, a lei não é senão um obstáculo, garantindo a sociedade, se a oposição da minoria é forte. Se fraca, não resiste a

---

149. MARTINS, Ives Gandra da Silva; BASTOS, Celso; NASCIMENTO, Carlos Valder do. (Coords.). *Tratado de direito constitucional...* cit., p. 53-54.

mudanças e adaptações à imagem e semelhança dos que usufruem o poder.[150]

É evidente que não se pode deixar de considerar que a evolução da própria vida em sociedade e a maior percepção da sociedade em geral de seus direitos inatos – muitas vezes o povo deseja apenas ter direitos, sem obrigações – tem auxiliado o convívio democrático, assim como o diálogo das formas jurídicas – prefiro ao diálogo das fontes, muito mais centrado em soluções pontuais – tem propiciado melhoria na dicção legislativa, mesmo quando o formulador da ordem jurídica tem forças suficientes para fazer o que deseja.

Prova inequívoca está nas Constituições bolivarianas (Equador, Bolívia e Venezuela), conformadas por uma presença maciça dos desejos dos detentores do poder, à época com frágil oposição a barrá-los.

Enquanto na Constituição brasileira, o Congresso Nacional tem papel preponderante, inclusive no *impeachment* presidencial,[151] sendo de sua competência a convocação de re-

---

150. Escrevi: "É que a teoria política é necessariamente mais abrangente, nela se inserindo a teoria do poder. Abrange não só a forma de manter o poder – objeto da teoria do poder propriamente dita – mas, mais do que isto, as consequências de sua ação sobre toda a sociedade, com o que sempre seus limites de pesquisa e indagação são maiores. Numa teoria do poder, o papel da oposição é relevante para se aprender o choque entre os que o detêm e os que o desejam. Numa teoria política, tal choque é apenas uma parte do campo de abrangência maior, em que a luta pelo poder se insere, mas o exercício do poder implica consequência melhores ou piores para a sociedade, em função do seu exercício.
Esta é a razão pela qual uma teoria do poder, da forma pela qual a visualizo – em que se deve estudar a conquista do poder, o perfil daqueles que o alcançam e as consequências de seu exercício, não sob a ótica da sociedade, mas dos próprios detentores –, o que vale como objeto de maior investigação e pesquisa é o papel dos opositores. No dizer de Carl Schmitt, o estudo do poder – ele, na verdade, se refere ao estudo da política – é o estudo da oposição entre o amigo e o inimigo.
O certo é que tanto nas ditaduras como nas democracias, as oposições são sempre odiadas, jamais desejadas, quando possível eliminadas. Têm sempre maior força nas democracias mais evoluídas, menos nas semidemocracias e quase nenhuma nas ditaduras" (MARTINS, Ives Gandra da Silva. *Uma breve teoria do poder...* cit., p. 137).

151. Estão os art.s 85 e 86 da CF assim redigidos:
Art. 85. São crimes de responsabilidade os atos do Presidente da República

ferendos e de plebiscitos, nestes países, o poder é dado ao chefe do Poder Executivo, com forças, na Venezuela, de governar sem o congresso por leis habilitantes, podendo convocar plebiscitos e referendos e dissolver o congresso. No Equador, tal dissolução poderá dar-se de duas maneiras: pela vontade do presidente ou pela vontade do congresso em destituir o presidente, quando o próprio congresso, por decorrência, também será dissolvido. Na Bolívia, os juízes da Suprema Corte são eleitos como qualquer candidato político, para período certo.[152]

---

que atentem contra a Constituição Federal e, especialmente, contra:
I - a existência da União;
II - o livre exercício do Poder Legislativo, do Poder Judiciário, do Ministério Público e dos Poderes constitucionais das unidades da Federação;
III - o exercício dos direitos políticos, individuais e sociais;
IV - a segurança interna do País;
V - a probidade na administração;
VI - a lei orçamentária;
VII - o cumprimento das leis e das decisões judiciais.
Parágrafo único. Esses crimes serão definidos em lei especial, que estabelecerá as normas de processo e julgamento.
Art. 86. Admitida a acusação contra o Presidente da República, por dois terços da Câmara dos Deputados, será ele submetido a julgamento perante o Supremo Tribunal Federal, nas infrações penais comuns, ou perante o Senado Federal, nos crimes de responsabilidade.
§ 1º - O Presidente ficará suspenso de suas funções:
I - nas infrações penais comuns, se recebida a denúncia ou queixa-crime pelo Supremo Tribunal Federal;
II - nos crimes de responsabilidade, após a instauração do processo pelo Senado Federal.
§ 2º - Se, decorrido o prazo de cento e oitenta dias, o julgamento não estiver concluído, cessará o afastamento do Presidente, sem prejuízo do regular prosseguimento do processo.
§ 3º - Enquanto não sobrevier sentença condenatória, nas infrações comuns, o Presidente da República não estará sujeito a prisão.
§ 4º - O Presidente da República, na vigência de seu mandato, não pode ser responsabilizado por atos estranhos ao exercício de suas funções."

152. Escrevi: "Este equilíbrio inexiste em nossos vizinhos. A Constituição venezuelana, com seus 350 art.s e 18 disposições transitórias, além de uma disposição final, de rigor, apesar de mencionar cinco Poderes, hospeda um apenas, visto que o Poder Judiciário, o Ministério Público e o Poder Legislativo são poderes acólitos do Executivo e o quinto poder, o povo, manipulável pelo Executivo.
Assim é que, no seu art. 236, o de competências do Presidente da República, admite, pelo inciso 22, que não só pode o presidente convocar

referendos, como, pelo inciso 21, dissolver a Assembleia Nacional, sobre ter, pelo inciso 8, o direito de governar, sem a Assembleia Nacional, por meio de leis habilitantes.
No Brasil, o plebiscito e o referendo são convocados pelo Congresso Nacional (art. 14, I e II) e o presidente da República não tem, entre suas competências (art. 84), o poder de dissolver o Congresso.
Ao contrário, o presidente da República pode sofrer o impeachment (arts. 85 e 86) do Congresso Nacional, sendo, neste particular, uma Constituição em que o Legislativo tem força para afastar o presidente da República, mas o presidente não tem forças para dissolver o Congresso.
Como se percebe, o modelo venezuelano é de um poder só, o presidencial, o que tem levado o caudilho Hugo Chávez a abusos crescentes, mediante cerceamento da liberdade de expressão, com fechamento de emissoras de TV e redes da oposição, convocações de referendos, que manipulam a ponto de não permitir, nos mesmos lugares em que faz comícios para defender seus pontos de vista, que a oposição se utilize daqueles mesmos espaços para expor as suas ideias.
O modelo venezuelano de um só poder, o que vale dizer, de um Executivo forte e Legislativo e Judiciário subordinados, lastreia-se nas lições de um grupo de professores socialistas da Espanha (Cepes), segundo o qual apenas dois poderes são democráticos: o povo e o seu representante no Executivo. Por isto, reduz os outros poderes à função servil e sugere consultas populares permanentes – altamente manipuláveis por quem está no comando –, à guisa de dar legitimidade ao único poder efetivo, que é o do presidente executivo.
O modelo socialista, que Chávez chama de "bolivariano", foi seguido também pelo Equador, na sua Constituição de 444 artigos, 30 disposições transitórias e com um regime de transição ao final. Por ela, pode o presidente da República dissolver a Assembleia Nacional se ela atrapalhar o Plano Nacional de Desenvolvimento do presidente ou se houver uma grave crise política ou comoção interna (art. 148), passando o presidente da República a dirigir sozinho o país, convocando novas eleições.
Poderá a Assembleia Nacional (art. 130) destituir o presidente da República, mas, neste caso, também se dissolverá, convocando-se, no prazo máximo de sete dias, eleições gerais presidenciais e legislativas.
Em outras palavras, o presidente da República pode dissolver a Assembleia Nacional, sem perder o cargo, mas a Assembleia Nacional, se destituir o presidente, também estará se destituindo!!!
Não é diferente a Constituição boliviana, com 411 artigos e 10 disposições transitórias, com uma disposição derrogatória e outra final. Aqui, os arts. 182 e 183 tornam o regime mais perigoso, pois o Tribunal Superior de Justiça terá seus magistrados eleitos por sufrágio universal por seis anos. Vale dizer: o Poder Judiciário, que é um poder técnico, passa a ter seus integrantes eleitos pelo povo e sem as garantias mínimas necessárias para exercer suas funções com imparcialidade!!! E o pior, com mandato de seis anos, muito embora não possam ser reeleitos seus juízes" (MARTINS, Ives Gandra da Silva. *Uma breve teoria do poder...* cit., p. 227-230).

À evidência, nos três modelos, seus autores pretenderam seguir lição de um centro de estudos sociais espanhol, segundo o qual haveria apenas dois poderes (o Poder Executivo e o povo) e três subpoderes (Judiciário, Legislativo e Ministério Público) subordinados, de certa forma, à vontade popular e ao Poder Executivo. Como este é quem convoca os plebiscitos e os referendos, nitidamente, sua capacidade de manipulação popular é fantástica.

Diferentemente, os modelos constitucionais clássicos, entretanto, moldados pelos detentores do poder à época que o impuseram, servem como sinalizadores para outros povos, de forma que uma verdadeira teoria tridimensional, no estilo realiano, faz-se presente na produção da norma constitucional e de maneira dinâmica, na esmagadora maioria dos países civilizados. Desta forma, os detentores do poder criam a lei – não os juristas, nem os magistrados –, que passa a reger uma determinada sociedade, influenciando a produção normativa de outras sociedades com variantes, quando nova tensão (fato político valorado pelo poder e juridicizado para a sociedade) gera novo fato político, com tensão preparatória para futura alteração, na lógica dinâmica do tridimensionalismo de Miguel Reale.[153]

---

[153]. Escrevi para as orelhas do livro "O Estado Democrático de Direito e o conflito de ideologias" (Ed. Saraiva, São Paulo, 1998), de Miguel Reale, o seguinte: "Insaciável e profundo pesquisador da alma e do comportamento humano, Miguel Reale, que oferendou ao mundo a teoria tridimensional do direito em sua perspectiva dinâmica e revelou insuspeitados horizontes no estudo da fenomenologia husserliana, mostra, agora, em admirável reflexão, a tendência de uma possível conjunção do liberalismo e da social democracia, em nova corrente político-econômica, a que nominou social-liberalismo, com acurada percuciência.
Demonstra, em seu livro, quais são, na realidade, os limites das aspirações ideológicas num Estado Democrático de Direito e como a ideologia influenciou a Constituição brasileira de 88. Examina os sistemas de poder (parlamentarismo e presidencialismo), com pertinente análise das raízes do presidencialismo brasileiro e seu conflito com o parlamentarismo. Neste quadro, não deixa de refletir sobre os impactos da globalização, que gera convergências, e os embates ideológicos que a seguem. O fortalecimento do Estado Nacional é, muitas vezes, consequência de tais desafios e confrontos. Por fim, medita sobre a pessoa humana, que é o valor referencial de todas ideologias".

O ESTADO À LUZ DA HISTÓRIA, DA FILOSOFIA E DO DIREITO

Ora, todas as teorias constitucionais, todos os modelos estudados por juristas, filósofos, historiadores, sociólogos, submetem-se à uma realidade de tensões, sendo que o Direito evolui, com mostrei no primeiro Capítulo, a partir da melhor percepção do que sejam direitos fundamentais e inalteráveis e direitos alteráveis – a grande maioria – e de convivência social.

O problema da tensão do Direito em contínua mutação – é cada vez mais complexo, na medida em que a vida em sociedade torna-se mais complexa –, reside no fato de que, por mais que se pretenda tudo regulamentar, nem sempre é possível fazê-lo. Os vácuos legislativos cada vez maiores trazem um permanente elemento de instabilidade, a gerar a tensão que transforma a norma vigente em fato a ser modificado pela necessidade de adaptação às novas tensões formadas. O choque político pode gerar elemento complicador, se os que detêm o poder começarem a estar fragilizados em sua produção normativa, por força do crescimento das oposições.

Em outras palavras, o Direito Constitucional é feito desta permanente tensão entre os homens vivendo em sociedade. Na minha opinião, o maior valor, nos Estados Democráticos de Direito, reside na existência de oposições fortes, que obrigam os que têm o poder a negociar ou a não contrariá-las para que a estabilidade seja conseguida.[154]

O certo, todavia, como mostrarei nos próximos Capítulos, estão nestes três elementos, a saber:

---

154. Bertrand de Jouvenel lembra que: "*On a réclamé de plus en plus bruyamment la mise en oeuvre de la souveraineté populaire et son absolutisme; c'est-à-dire que les ressorts compliqués qui absorbaient les poussées violentes fussent simplifiés à l'extrême et qu'un Pouvoir rassemblé, assez sensible pour obéir aux désirs du moment, fut assez fort pour les exaucer. Cette thèse a été épousée, ici par le magistrat, là par le corps qui voyait dans la proclamation de l'absolutisme populaire lo moyen de grandir son propre pouvoir. On n'a pas compris que c'était renoncer à la difficile souveraineté des lois et quitter les garanties de la liberté; qu'enfin on reconstituait un Imperium césarien qui devait dès lors – similia similibus – trouver ses Césars*" (JOUVENEL, Bertrand de. *Du Pouvoir*. Paris: Hachette Litterature, 1972. p. 311).

1) oposições definindo a linha da prevalência normativa de equilíbrio, para que o Direito não seja feito, exclusivamente, pelos detentores do poder e nem por seus intérpretes, independentemente da minoria.

2) vácuos permanentes e de impossível preenchimento por parte dos produtores legislativos; a tensão constante entre o fato valorado e normado, transforma-se em nova faceta de tensão, num processo dialético ininterrupto;

3) e a complexidade das relações humanas, num mundo cada vez mais plano, cujos desafios ultrapassam os limites das relações jurídicas clássicas para enfrentá-los.[155]

O arsenal instrumental jurídico existente, próprio de um mundo plural, lotado, plano e complicado, bem menos estável do que o do século XX, já está ultrapassando a busca de soluções universais. A ONU, a União Europeia e outros organismos não conseguem conformar políticas ambientais, antiterrorismo, de cibernética, de segurança, de convivência cultural entre povos. Há falta de recursos globais para sete bilhões de pessoas; choques ideológicos; baixo nível de visão global dos problemas políticos e burocratas, que não têm a visão de estadistas, além de muitos outros aspectos desta aventura do homem ainda em fase de desorientação pela história.[156]

---

155. Miguel Reale esclarece: "Como se verá, a Queda do Muro de Berlim somente surpreendeu os intelectuais dominados pelo ópio do marxismo, porquanto a precariedade do regime soviético já havia sido mais do que demonstrada pelos novos doutrinadores do liberalismo, os quais também puseram à mostra todos os equívocos em que se enredavam os partidários da Social-Democracia, cada vez mais incapaz de se afirmar como solução plausível e segura, visto padecer do mesmo mal do comunismo, que era a vinculação às ideias marxistas da luta de classes e da economia dirigida, posta como fundamento único e legitimador do Estado.
Foi assim que, se, de um lado, os liberais extremados se deixavam fascinar pelos sortilégios da livre concorrência, apontada como única fonte de bem-estar, de outro, os socialdemocratas mais conscientes deram-se conta da necessidade de proceder à revisão de suas diretrizes básicas.
É desse contraste ou entrechoques de ideias que iria emergir o fato político mais relevante de nosso tempo, o da convergência das ideologias, não no sentido de uma solução única, mas sim no sentido de recíprocas influências entre elas, levando a diversos programas revisionistas" (O Estado Democrático de Direito e o Conflito das Ideologias, Ed. Saraiva, 1998, p. XI/XII).

156. Tais problemas levam-me novamente à concepção realiana. Escrevi: "Lembra

O ESTADO À LUZ DA HISTÓRIA, DA FILOSOFIA E DO DIREITO

Tudo isto está a demonstrar que o Direito, forma de regulação da sociedade, está em acelerada alteração, com suas estruturas clássicas superadas. Não se vislumbra, ainda, uma solução global capaz de mostrar como combinar a necessidade de todos os países, na sua convivência cada vez mais necessária, apesar de suas culturas diferentes, e conhecimento crescente de problemas mundiais, objetivando conformar a ordem jurídica, em função das necessidades do povo.

O papel do jurista, portanto, que tem que ter visão histórica e filosófica para refletir sobre a realidade, dependerá fundamentalmente da capacidade das lideranças mundiais na busca de uma solução, em que os desentendimentos terão que ser superados, para que não venham a destruir o único "veículo espacial" que ainda possuem no universo, ou seja, o planeta Terra.

Esta é a razão pela qual pretendo, no próximo e último Capítulo, tecer algumas reflexões sobre a necessidade desta meditação, acima do Direito posto, para atuação de políticos e burocratas que conformam o Direito, na tentativa de que, com

---

o eminente mestre e orgulho da filosofia e do direito brasileiros, que a teoria tridimensional não é nova, rememorando mesmo os escritos de Vanini e Del Vecchio, em que já visualizavam uma faceta "gnosiológica", outra "fenomenológica" e outra "deontológica" no direito. Acrescenta, todavia, que, em sua concepção original e universal, o direito corresponde à normatização dos fatos influenciados por valores.

Na sua concepção, o filósofo, o sociólogo e o jurista poderiam examinar as mesmas realidades, o primeiro voltado mais à deontologia ou aos valores, o segundo à fenomenologia ou aos fatos e o terceiro à norma ou a "gnosiologia jurídica".

O Direito, portanto, não se reduz a uma instrumentalização normativa, mas é o resultado do fenômeno aprendido pelos operadores da norma, à luz de valores, que, teoricamente, seriam os mais necessários, naquele período e naquele espaço, para serem legalizados.

Embora na concepção realiana, o direito natural resulte de um processo historicista-axiológico – e não como na visão tomista, em que independe da história, porque inerente ao ser humano – reconhece que o vigor e o permanente ressurgir do direito natural decorre de que, no ser humano, o "ser" implica um permanente "dever ser" (MARTINS, Ives Gandra da Silva. BASTOS, Celso. Ética no Direito e na Economia. São Paulo: Pioneira/Acad. Internacional de Direito e Economia – AIDE, 1999. p. 8-9).

estas ou outras soluções melhores, consigamos salvar o que resta de um planeta em crise.[157]

1.12. A realidade de uma sociedade em crise

Sempre me preocupei em ter uma visão global dos problemas mundiais, pois, quando jovem, não pretendia cursar Direito, mas História.

Foi meu professor Eduardo de Oliveira França e dois outros excelentes mestres do Colégio Bandeirantes, em 1952, que me dissuadiram, na tentativa de me direcionar para uma das profissões clássicas da época: Medicina, Engenharia e Advocacia. Poderia, no caso, exercer a advocacia, sem prejuízo de meu amor à história.

Cheguei, ainda no Colégio Bandeirantes, a escrever uma História de São Paulo, para o IV Centenário de São Paulo, que foi premiada como trabalho universitário – 2º Prêmio Esso – apesar de tratar-se de trabalho de um colegial (1952).

Tal opúsculo foi 50 anos depois editado pela LTR com prefácio de meu amigo dos tempos acadêmicos (desde 1955), Paulo Bomfim.[158]

---

157. Confesso que, nada obstante esperançoso, continuo desde há muito cético de soluções a partir dos que detêm o poder. Escrevi na introdução do livro "Uma breve teoria do poder" que: "Quando Montesquieu afirmou que o homem não é confiável no poder e, por isto, é necessário que o poder controle o poder (sua teoria da tripartição dos Poderes), apenas confirmou o que, com mais ou menos sofisticação, os filósofos de todos os tempos constataram, uns acreditando que as mais variadas teorias, nos mais diversos campos do conhecimento, facilitariam a mudança da natureza humana, outros, mais céticos, alinhando-se ao pensamento montesquiano.
Sobre a natureza humana no poder, não acredito em teorias. O homem busca sempre o domínio e seu maior ou menor poder decorre exclusivamente de sua maior ou menor força.
Esta é razão pela qual decidi denominar – à falta de melhor título para um cético em teorias – o opúsculo, que ora trago à luz, de Uma breve teoria do Poder." (MARTINS, Ives Gandra da Silva. *Uma breve teoria do poder...* cit., p. 9).
158. No prefácio da "História de São Paulo" (BOMFIM, Paulo. *História de São*

O exercício profissional, no início da carreira, prejudicou um pouco a atividade cultural, que exercia, desde menino, quando presidi, ainda no Colégio Bandeirantes, a Associação de Jovens Artistas[159] e participei da Associação Brasileira de Jovens Compositores, presidida por Yves Rudner Schimidt.

Uma vez estabilizada a vida profissional, com família constituída, voltei às preocupações globais, começando a publicar meus livros "abrangentes", sem expor, todavia, como critica Rawls, "teorias abrangentes". Eram apenas teorias para reflexão.

Assim é que minha segunda tese acadêmica, na USP – à época, não havia mestrado, mas apenas especializações – foi "Desenvolvimento Econômico e Segurança Nacional – Teoria

---

Paulo. São Paulo: LTR, 2003. p. 9-10), Paulo Bomfim escreveu: "Há meio século, quando caía sobre a cidade chuva de estrelas anunciadora do 25 de Janeiro, o estudante Ives Gandra da Silva Martins oficiava, na religiosidade cívica do momento, seu primeiro canto de amor a São Paulo. Esse estudo que renasce agora, recebeu na ocasião, das mãos de Guilherme de Almeida, a bênção da poesia. O livro é profissão de fé e vigília de armas daquele que era armado cavaleiro da causa paulista, aos dezessete anos" e concluiu: "Se ontem, o ato de devoção ao passado paulista foi a primeira comunhão de um historiador adolescente, hoje, a confirmação da crença é ritual de crisma do intelectual vitorioso que, publicamente, reafirma a fé nos destinos da civilização bandeirante.

Um homem de cabelos brancos e sorriso moço é novamente o estudante-rapsodo cantando com os amigos, no pátio da Faculdade de Direito, parabéns à amada cidade de São Paulo!"

159. Escrevi, à época, a peça "O caçador caçado" só publicada em 2009 (*O caçador caçado*. Ed. Pax & Spes, 2009. p. 5). No prefácio lembrei que: "Em 1952, era leitor apaixonado das peças teatrais clássicas de Aristófanes, Esquilo, Eurípedes, Plauto, Terêncio, Racine, Molière e Corneille, todas elas com unidade de ação, de lugar e de tempo.

Decidi, então, com 17 anos, escrever, em redondilhas maiores, uma peça com a tríplice unidade, dela resultando O caçador caçado, que continuou manuscrita até encontrá-la entre meus alfarrábios, em fins de 2009.

Formávamos, à época, um grupo de jovens poetas, com ideais que ultrapassavam de muito a realidade. Fundamos, naquele ano, a "Associação de Jovens Artistas", tendo a peça sido escrita para ser representada pelo grupo, o que nunca ocorreu: os vestibulares e os caminhos da vida nos separaram.

Como homenagem àqueles companheiros de sonhos da meninice, publico-a, agora, em edição particular, com saudades que o tempo não fez decrescer e que nem quero que decresça".

do limite crítico",[160] sobre o impacto das despesas militares nos orçamentos públicos, reflexão sobre a guerra na evolução da humanidade, com prefácio de Roberto de Oliveira Campos, considerado por muitos o homem mais lúcido do Brasil. Voltei a examinar questões globais no livro intitulado "O Estado de Direito e o Direito do Estado",[161] no qual estudei governos militares e civis e as suficiências e insuficiências de cada um.

A pedido do amigo Ruy Mesquita, publiquei, no Jornal da Tarde, duas séries de artigos, "O Poder" e "A nova classe ociosa", em época de luta pela redemocratização. Ambos foram transformados em livros, o primeiro, com um fantástico estudo de Ruy sobre o "Estado Soviético do Brasil".[162]

Na "A nova classe ociosa",[163] aproveitei a lição de Veblen, no seu clássico livro "A classe ociosa", sobre os empresários dos fins do século XIX e começos do século XX, a partir de tese de que os detentores do poder sempre trabalharam pouco, aproveitando-se do trabalho alheio e, nos tempos primitivos, do trabalho das mulheres.

A guerra era seu esporte favorito. No meu livro mostrei que "A nova classe ociosa" era de políticos e de burocratas, que se apropriavam da riqueza da sociedade em benefício próprio, pouco devolvendo em troca. O inchaço permanente da máquina pública foi o alvo da reflexão.

Preparei para 66 parlamentares um "Roteiro para uma Constituição",[164] fornecendo caminhos para a discussão na

---

160. MARTINS, Ives Gandra da Silva. *Desenvolvimento econômico e segurança nacional...* cit. 1971.

161. MARTINS, Ives Gandra da Silva. *O Estado de Direito e o Direito do Estado...* cit.

162. MARTINS, Ives Gandra da Silva. *O poder.* São Paulo: Saraiva, 1984.

163. Co-ed. Editora Forense/Academia Internacional de Direito e Economia, Rio de Janeiro, 1987; com "Roteiro para uma Constituição", "O Estado de Direito e o Direito do Estado" foi reeditado em 2ª edição, Lex Editora, São Paulo, 2006.

164. *Roteiro para uma constituição.* Rio de Janeiro: Forense/Academia Internacional de Direito e Economia, 1987.

Constituinte do novo texto brasileiro, que vim depois a comentar, com Celso Bastos, em 15 volumes.[165]

Em 1996, publiquei a primeira visão abrangente de todos os problemas que visualizava, com as minhas limitações, no mundo, sendo que algumas das crises que vivemos hoje, previ à época (crise do Euro, da União Europeia, do terrorismo, da falência do combate às drogas e, principalmente, da impossibilidade de controle da cibernética contra toda a espécie de ataques, tornando o mundo vulnerável.[166]

O livro foi também editado em Portugal, Rússia, Bulgária e Romênia.[167]

Em 2000 publiquei a "Era das contradições",[168] procurando lançar fundamentos, nas contribuições políticas, jurídicas, sociais, culturais, éticas que o mundo vivia e vive. A 2. edição, revista com prefácio de Bernardo Cabral, sairá em 2016.[169] E voltei, novamente, para completar a trilogia, a escrever "A queda dos mitos econômicos".[170]

Nos três livros, há uma permanente busca de diagnóstico da realidade, enunciação de desafios e da apresentação de soluções, que, infelizmente, não têm merecido reflexão por parte de políticos e de burocratas, muito embora seja permanente tal estudo acadêmico por colegas das Universidades e da Academia.

---

165. MARTINS, Ives Gandra da Silva; BASTOS, Celso. Comentários à Constituição do Brasil, Editora Saraiva, São Paulo, 1988/1998.

166. MARTINS, Ives Gandra da Silva. *Uma visão do mundo contemporâneo...* cit.

167. "Uma Visão do Mundo Contemporâneo", Ed. Universitária em Portugal, 1996; em russo na Bulgária em 1997; em romeno, Ed. Continente, Bucarest, 2001.

168. MARTINS, Ives Gandra da Silva. *A era das contradições*. Lisboa: Universitária, 2001; São Paulo: Futura, 2000.

169. Editora Resistência Cultural.

170. MARTINS, Ives Gandra da Silva. *A queda dos mitos econômicos*. São Paulo: Thomson Pioneira, 2004.

Tais reflexões auxiliaram-me a escrever "Uma breve teoria do poder",[171] debruçando-me sobre a figura de seu detentor, por meio da história; "Uma breve introdução ao Direito",[172] para leigos entenderem o que é o Direito – este editado também no México –, e "Uma breve teoria sobre o constitucionalismo",[173] para explicar o fato político à luz da evolução histórica constitucional.

Na palavra do saudoso amigo Saulo Ramos, todos estes livros foram escritos "fora da lei", isto é, como reflexões não exclusivamente jurídicas.

Como citou Saulo, em seu fantástico livro "Código da Vida", tínhamos o hábito de poetar. Sua poesia completa e a minha saíram, praticamente, ao mesmo tempo (2013 e 2014). Poetávamos e escrevíamos sobre o Brasil.[174]

Muito embora minha produção jurídica seja muito maior que a produção "fora da lei", o certo é que ambos pensávamos em um Brasil grande e tínhamos a esperança que a reflexão acadêmica, de caráter filosófico, histórico, auxiliasse "pensadores governamentais" a criar uma grande nação.

Talvez, em gerações futuras, isto ocorra.

Objetivo, pois, mostrar que, neste breve estudo sobre o Estado, o Direito, a Filosofia e a História, apesar de todas as minhas limitações, reafirmo pretender, exclusivamente, expor aquilo sobre o que tenho meditado ao longo de minha vida, ou seja, sobre os macroproblemas que o empreendedor nacional

---

171. Três tiragens da 1. edição, 2010; 2. ed., 2011; Editora Revista dos Tribunais, e 3. ed. pela Resistência Cultural, 2015, com prefácio de Ney Prado, Posfácio de Antonio Paim e orelhas de Ruy Altenfelder.

172. MARTINS, Ives Gandra da Silva. *Una breve introducción al derecho...* cit.

173. MARTINS, Ives Gandra da Silva. *Uma breve teoria sobre o constitucionalismo*. Porto Alegre: LEX/Magister, 2015.

174. MARTINS, Ives Gandra da Silva. *Poesia completa*. São Luís: Resistência Cultural, 2014.

O ESTADO À LUZ DA HISTÓRIA, DA FILOSOFIA E DO DIREITO

enfrenta, sem que, de rigor, haja uma visão global deles a permitir também reflexões globais.[175]

Começo lembrando três livros recentes que li "O capital no século XXI",[176] de Thomas Pikety; "Quente, plano e lotado",[177] de Thomas Friedman e "O colapso de tudo",[178] de John Casti.

Destes, o que ganhou maior notoriedade foi o de Pikety, economista cujos dados levantados – excelente a pesquisa – permitem um infindável número de variáveis, não sendo, necessariamente, suas conclusões, aquelas que prevalecerão. Não sei mesmo – é difícil avaliar, no momento – se são as mais corretas. Vale a pena, todavia, conhecer o diagnóstico perfeito da realidade econômica atual a propósito de renda, do capital e do trabalho.

Já sobre ele falei no Capítulo I deste opúsculo.

O segundo livro, de Friedman, jornalista que por três vezes ganhou o prêmio Pulitzer, é dedicado à deterioração ambiental de um mundo de sete bilhões de habitantes. Sua fama como escritor – sempre foi famoso como jornalista – a conseguiu quando, em 2004, lançou o instigante livro "O mundo é plano", mostrando que os meios de comunicação tinham transformado o mundo de tal maneira, que tudo o que acontecia passava, de imediato, a ser conhecido no planeta, independente do grau de cultura dos povos que tomavam conhecimento dos fatos narrados.[179]

---

175. Tendo escrito mais de 2.000 artigos para jornais em minha vida, alguns deles veiculados também em livros ("O direito em frangalhos", CEJUP, 1988; "Na Imprensa – coletânea de art.s 1987-2004", Editora do Brasil, 2005; "Exercício da Cidadania", Lex/Magister e "Na Folha de São Paulo", Lex/Magister, este último com prefácio de Otávio Frias Filho, em quase todos eles, em linguagem mais para o público em geral abordei problemas semelhantes.

176. PIKETTY, Thomas. Op. cit.

177. FRIEDMAN, Thomas. *Quente, plano e lotado*. Rio de Janeiro: Objetiva, 2006.

178. CASTI, John. *O colapso de tudo*. Os eventos extremos que podem destruir a civilização a qualquer momento. Rio de Janeiro: Intrínseca, 2012.

179. No primeiro livro, Thomas Friedman mostra, por exemplo, que declarações de

Tal nivelação do mundo no século XXI, que permite a qualquer pessoa, mesmo sem cultura, mas com bom senso, proceder à análise crítica dos fatos, avaliando os acontecimentos, as soluções propostas e os caminhos da aventura humana, à evidência, torna a sociedade moderna uma "aldeia global", a que se referiu Herbert Marshall Mc Luhan, algumas décadas atrás.

No novo livro, mostra Friedman que o mundo atual não tem estruturas de sustentação para os sete bilhões de habitantes, sendo que a maioria dos governos e dos empreendimentos econômicos não atenta, todavia, para a saturação e o esgotamento de recursos naturais e da biodiversidade.

Esclarece que, se os sete bilhões de pessoas tivessem o padrão de vida médio dos americanos, o mundo não teria recursos alimentares, energéticos, climáticos para sustentá-los.

O terceiro livro, de um matemático austríaco, professor das Universidades de Princeton, do Arizona e de Nova York, é um dos fundadores do X-Center, especializado nas teorias dos sistemas e das complexidades. A obra se intitula "O colapso de tudo". Demonstra que estamos à beira de um colapso global, se os eventos colapsais regionalizados estudados ganharem uma proporção global.

Reflete sobre o fato de que eventos extremos do passado, na história narrada do mundo, ainda que regionais, podem repetir-se como globais, gerando um colapso absoluto. Evidencia que os instrumentos para evitá-los ainda são inferiores à possibilidade de sua ocorrência, não sendo um possível colapso da internet o menor deles.[180]

---

imposto de renda de milionários americanos eram feitas por 1/5 do preço na Índia, sem que os milionários americanos soubessem e nem os indianos conheciam o nome de seus clientes.

180. John Casti analisa desde os apagões, colapsos da Internet, fenômenos naturais, não esquecendo que, possivelmente, a queda de um meteorito, no Golfo do México, que mantém até hoje as suas águas quentes, há 65 milhões de anos, exterminou os dinossauros da face da Terra.

Tais considerações sobre acúmulos de problemas, eu as lembro para apresentar agora algumas considerações pessoais, como fiz nas obras anteriores, nas quais vislumbrei os grandes desafios do mundo moderno, sugerindo eventuais soluções, que exigem idealismo, competência, para sua adoção, a fim de se evitar o pior.

No prefácio de meu livro "Desenvolvimento econômico e Segurança nacional – Teoria do limite crítico", Roberto Campos declarou que a melhor forma de "evitar-se a fatalidade é conhecer os fatos".[181]

É o que reafirmo. Com as limitações próprias de um modesto pensador, trago essas considerações à reflexão dos possíveis leitores desta obra.

---

181. MARTINS, Ives Gandra da Silva. *Desenvolvimento econômico e segurança nacional...* cit., no qual procuro criar um limite crítico nas despesas militares, mostrando quando são úteis à coletividade, necessárias para a estabilidade das instituições e o limite crítico, em que a partir de um certo ponto são um peso os gastos, que geram atraso para os países.

CAPÍTULO II
OS GRANDES DESAFIOS

2.1. Sete bilhões

Nosso planeta, como mostra Pikety, que há três séculos tinha 600 milhões de habitantes (1700), chega, em 2012, a sete bilhões. Se o mesmo ritmo continuar, o que é pouco provável, chegaremos a uma população de 70 bilhões, em 2.100.[182]

Já considerando os 7 bilhões, há extrema dificuldade em manter tal população, muito embora haja uma taxa de decréscimo populacional na Europa e na América do Norte, menor crescimento na América do Sul e na Ásia, mas o crescimento ainda é bem sentido na África.

Uma população de algumas centenas de milhões de pessoas, segundo Pikety, ainda vive na linha da miséria, muito embora, percentualmente, tenha caído o número dos que estão na extrema miséria, em relação aos séculos anteriores, graças ao aumento da qualidade de vida da humanidade em geral.

---

182. No seu livro Pikety apresenta algo surpreendente, ou seja, a estabilidade da libra esterlina e do franco durante 200 anos, nos séculos XVIII, XIX, até a primeira guerra. Admirador dos romance de Jane Austen e de Balzac refere-se aos dois autores, afim de mostrar a estabilidade das famílias nobres ricas, que são personagens de seus romances, assim como o risco das aventuras negociais, como em *"Le Père Goriot"* de Balzac.

A melhoria, todavia, na política de preservação das riquezas naturais, mas com exploração ainda predatória do planeta, em muitos segmentos, sem um sério trabalho na busca de soluções de resguardo, está levando a uma dificuldade crescente de resgate destas populações mais pobres. Com os fatores atuais de exploração do Planeta Terra, é impossível que tal população tenha igualdade de condições de vida, capaz de equiparação à da vida média dos americanos. Neste ambiente, a população de sete bilhões está condenada a viver, em sua grande maioria, uma subvida, com permanente deterioração de seu habitat.[183-184]

2.2. Meio Ambiente

A preservação do meio ambiente tem sido mais teorizada do que efetivamente praticada. O aquecimento global, realidade tangível – e não, como pretendem alguns, episódio cíclico na existência da Terra, com períodos de aquecimento e de esfriamento –, faz sentir na natureza reflexos, que os jornais noticiam diariamente.

A preocupação de especialistas, inclusive movimentos extremos de ambientalistas, servem de alerta, sem, todavia, medidas emergentes e imediatas sejam tomadas, como se percebe, apesar do sucesso teórico da Eco Rio 92.

É que tornou-se difícil a aplicação de suas diretrizes, em face dos interesses econômicos envolvidos em sentido contrário e pela dependência de desenvolvimento global, que a

---

183. George Monbiot, que propugna com Friedman um "planeta verde", com soluções energéticas não degradadoras do meio ambiente, no livro *"How to Stop the Planet From Burning"* (MONBIOT, George. *How to Stop the Planet From Burning*. London: Penguin, 2006) afirma que "sucumbir à esperança é tão perigoso quanto sucumbir ao desespero".

184. É fundamental começar-se a pensar em tornar o planeta realmente verde. Velho provérbio chinês – este realmente chinês e não como os de Roberto Campos, por ele criados, sob a alegação de que, com uma população tão grande, algum chinês teria pensado como ele – dizia que a melhor época para plantar um carvalho seria 100 anos atrás. E a segunda melhor época é agora.

exploração corrosiva de tais recursos naturais terminou por provocar. Neste sentido, há de se perceber que, não obstante os resíduos fósseis serem altamente poluentes, os benefícios pecuniários obtidos com a exploração do petróleo são de tal natureza, que continuam a servir de justificativa para que continuem sendo explorados, até mesmo em camadas nas quais o custo de extração é elevado (Mar do Norte – Pré-sal). E servem, inclusive, para guerras econômicas por preços, intentando a desestabilização de qualquer outra forma de exploração energética concorrente, como o xisto betuminoso.[185]

O desflorestamento, a erosão, a eliminação de espécies, a queda da piscosidade do oceano e dos rios, tudo tem levado não só ao aquecimento global, mas, o que é pior, à eliminação de milhares de espécies que são de vital importância para a manutenção do equilíbrio ecológico em prol da humanidade. Todas as tentativas de todos os países até o presente são de uma insuficiência monumental, como Friedmann demonstra em seu livro, ao mostrar ser a Terra um Planeta "Quente, plano e lotado".

2.3. A escassez de recursos naturais

Para que sete bilhões de pessoas, com tendência ao aumento de população, pudessem ter vida saudável no curto prazo, os recursos naturais deveriam ser preservados, pelo menos para conseguir-se

1) alimentar o mundo;
2) dar de beber às pessoas e aos animais;
3) obter energia suficiente e limpa.[186]

---

185. A queda do preço do petróleo em 2011 objetivou desestimular a exploração do xisto betuminoso nos Estados Unidos, cujas reservas de petróleo quase esgotadas estavam a sinalizar solução alternativa. Os países árabes, ao se negarem a reduzir o preço, terminaram criando sérios problemas à Venezuela e à Rússia, dependentes deste produto para sua balança comercial.

186. Países da África e do Sul da Ásia vivem da energia poluidora gerada pelo car-

O esgotamento da terra e dos mares, nada obstante a técnica de viveiros para peixes e de contingenciamento de pastos e áreas, na moderna agricultura, torna evidente que o desflorestamento é uma das causas do aumento da erosão e do empobrecimento de valiosos nutrientes da terra.

O desflorestamento, por outro lado, acentua a redução da água e a emissão de CO_2, principalmente pela não renovação florestal – as florestas jovens permitem uma renovação de ar maior do que as florestas antigas –, fenômeno que se vai fazendo mais escasso em muitas regiões, com o aumento do consumo e dificuldade de renovação.

Estamos a caminho de uma crise sem precedentes, nas grandes cidades. A concentração da população mundial, para mudança do enfoque econômico, em que os serviços ultrapassam de muito o emprego na Terra e na indústria, ao ponto de a economia europeia e a economia americana terem mais de 70% de sua mão de obra neles alocada, concentrada nas cidades e não no campo, torna crescente o duplo problema de obtenção de alimento e água, pela incapacidade de a natureza renovar-se ao ponto de suprir o peso cada vez maior, sobre o mesmo solo, de uma população crescente e mais longeva.[187]

E à nitidez, o próprio crescimento dos serviços em relação à indústria e a agricultura eleva a energia ao terceiro fator negativo a ser cuidado, enfrentando-se a monumental utilização das piores formas produtoras (petróleo) sobre as renováveis (eólica, solar e inclusive hídrica, que corre, todavia, o risco de ser atingida em sua importância, pela diminuição das

---

vão. São um bilhão e seiscentos milhões de pessoas nesta situação.

187. Em 1980, em visita que fiz ao Worldwatch Institute de Washington, seus pesquisadores disseram-me que até o fim da metade do Século XXI o problema maior do mundo seria a água pelo aumento da população e destruição da natureza. Os problemas, num país rico em água, como o Brasil, em que os grandes centros (São Paulo, Rio de Janeiro, cidades do Nordeste) vivem este pesadelo, é apenas o começo de uma realidade há muito prevista de se concretizar, sem que os governos tenham se preparado para enfrentar.

fontes naturais, por força do desflorestamento e aquecimento global).[188]

Prefiro não cuidar da energia nuclear, em face de haver, nesta undécima hora da história da humanidade, soluções de energias limpas e renováveis, sem os riscos de Chernobyl, Fukushima ou Three Mile Island.

Se não houver decisivo consenso mundial de tais problemas, apenas teorizados nos escritos de técnicos na defesa do meio ambiente, poderemos ultrapassar rapidamente o ponto de não retorno.

2.4. O conhecimento

O homem conhece cada vez mais o mundo em que vive. Os meios de comunicação, de imediato, permitem-lhe apreender tudo o que ocorre no Planeta e obter a informação que deseja, instantaneamente. As pessoas mais simples manejam seus equipamentos eletrônicos, muitas vezes com maior habilidade e suficiência que as pessoas cultas e intelectuais mais idosas, criadas em épocas anteriores à internet.[189]

Tal conhecimento cria-lhes aspirações de qualidade de vida superior àquelas em que um mundo, doente e em conflito, podem permitir. Há um profundo hiato entre os que desejam e os que obtêm. Dentre os que desejam e o que podem conseguir, dentre o que consideram seu direito –muitas vezes sem noção de deveres – e aquilo que, com direitos, podem exercer.[190]

---

188. Michael J. Ahearn criou o First Solar na Alemanha, porque não teve apoio nos Estados Unidos da América, tendo explicado a Friedman porque não teve apoio em seu país para o desenvolvimento da energia solar: "O que sempre ouvimos é que a energia renovável tem muito apoio, mas é vítima de manipulações políticas" (FRIEDMAN, Thomas. *Quente, plano e lotado...* cit., p. 569).

189. Eu mesmo, com meus 80 anos, manejo os recursos de meus *tablets* com muito menos eficiência que meus netos, filhos, secretárias e assistentes.

190. A Constituição Brasileira define em seu § 1º do art. 5º, cuja dicção é a seguinte:

Tal conflito permanente individual e coletivo termina por gerar revoltas, em que os descontentes, conhecedores dos avanços da tecnologia, repudiam os que a controlam, reprovando o que não querem, sabendo o que querem, mas não sabendo como fazer para que o que querem possa se tornar realidade. Até por força do desconhecimento da História, do Estado, da Filosofia, do Direito e da política de convivência entre os Estados (lato senso falando) no concerto mundial.

Tal permanente tensão gera, por decorrência, uma dificuldade de convivência individual, coletiva e internacional entre as pessoas, os povos e as culturas.

Há constante insatisfação de todos, assim como a certeza de que, apesar dos benefícios do aumento de tecnologia, não diminuirá a frustração dos que dela não se beneficiam.

Tal elemento conflitual e crescimento de progressão geométrica e não aritmética é outro fator de intensa preocupação, nos desafios do Estado futuro.

2.5. A convivência de estilos

Cada povo tem sua cultura, sua maneira de ser, sua formação e seus valores. Quanto mais avança em conhecimento, mas mantém sua maneira de ser. Por isto, o diálogo com os outros povos poderá ser mais ou menos difícil, dependendo da capacidade de buscar o entendimento.[191]

"§ 1º - As normas definidoras dos direitos e garantias fundamentais têm aplicação imediata". Declara, pois, que todos os direitos são de eficácia imediata, o que, à evidência, desde 1988 até hoje, não ocorreu, embora haja um exercício cada vez maior daqueles na Lei Suprema contidos.

191. Quando recebi a cátedra Lloyd Braga da Universidade do Minho, honraria anual que outorgam a um especialista em área acadêmica (fui o primeiro não europeu e o primeiro da área de Direito) em 2009, terminei meu discurso de recepção dizendo:
"E, neste particular, a maneira de ser da civilização lusíada, em que a integração foi sempre o elemento de major presença, poderá servir de exemplo. Haja vista que, em idêntico espaço americano, conseguiu manter um país único, com variadas formas de cultura, ao contrário da América Espanhola, que se pulverizou em um

A história tem demonstrado que as dificuldades no diálogo são sempre maiores do que as facilidades, pois a tendência humana, nos últimos seis mil anos, é o estilo de predomínio do mais forte, daquele povo mais poderoso, econômica e militarmente. Fazem, estes povos, portanto, prevalecer suas ideias e seu estilo, provocando, quando valores democráticos não são respeitados, reações naturais do povo submetido. Hart, em seu livro "O conceito do Direito", mostra a dificuldade de o povo dominado aceitar o domínio do dominador, só o obedecendo pela força, mas sempre com sonhos de retomada.[192]

Em outras palavras, em uma população cada vez mais complexa, distinta em valores e maneiras de ser, com maiores conhecimentos da realidade, a convivência de estilos e de culturas exigiria um superior espírito democrático de compreensão e de tolerância de teorias alheias. Infelizmente, falta no mundo esse espírito, sendo o episódio do atentado à liberdade de imprensa – no caso, uma imprensa irresponsável – a demonstração clara de que estamos ainda muito longe do compartilhamento de estilos ser uma realidade.[193]

2.6. O terrorismo

Esta é uma mancha permanente na história da

---

número enorme de nações. E a prova major reside numa integração consideravelmente mais relevante entre as diversas raças no Brasil do que em outras nações, ao ponto de todas as culturas que se somaram posteriormente a portuguesa lá conviverem em perfeita harmonia, inclusive judeus e muçulmanos, que, muitas vezes, reúnem-se em cerimônias comuns, numa demonstração de que culturas diferentes podem viver harmonicamente. Adriano Moreira, no 1º Congresso das Comunidades de Língua Portuguesa, em 1964, afirmou que há uma maneira de ser diferente do português, na sua presença no mundo. E esta maneira de ser, que permitiu a criação de uma nação continental, é aquela que, talvez, possa servir de exemplo para o mundo futuro, na conformação de um Estado Universal lastreado na solidariedade entre os povos" (Scientia lvridica. *Revista da Universidade do Minho*. n. 318, t. LVIII, 2009. p. 25).

192. HART, H. L. A. *The concept of law*. New York/London: Clarendon Law Series/Oxford University Press, 1961.

193. Falo do atentado do Charlie por grupos radicais islâmicos.

humanidade. Os inocentes pagam pelos preconceitos, ódios, convicções desvairadas dos que querem impor sua opinião aos outros, de maneira violenta. O próprio governo brasileiro é integrado por guerrilheiros – alguns foram terroristas – cujos atos que remontam aos tempos em que pretendiam substituir uma ditadura militar por uma ditadura no estilo de Fidel, negam-se a apurar.[194]

O terrorismo, normalmente, enquanto instrumento de descontinuidade e de reação dos mais fracos, é a forma que determinados grupos encontraram para enfrentar aqueles que, militarmente, são mais fortes. Bush, na tentativa de derrubar Saddam – ironicamente, era o único governo islâmico que não permitia o terrorismo, para não ser derrubado – desencadeou, após o episódio das Torres Gêmeas, uma reação xenofóbica, violenta, desarrazoada, fanática contra o Afeganistão e o Iraque, na caça de radicais islâmicos. Estes financiados, em parte por recursos decorrente de petróleo, em parte por lavagem cerebral de seus seguidores – segundo os quais matar seus semelhantes que pensam diferentemente é forma de agradar Alá e Maomé –, estão a demonstrar a dificuldade de diálogo, em que a intolerância dos mais fortes e o radicalismo dos que nada temem tornam difícil a convivência.[195]

O terrorismo, à falta de "diálogo das culturas" e de "respeito às teses divergentes", é mal que não tenderá a regredir, pois de difícil combate. O fanatismo leva os que o cultivam a imolar sua própria vida, com auto sacrifício, no altar de suas crenças tresloucadas.

---

194. Em meu artigo "Os Borgs e a Comissão da Verdade" denuncio esta parcialidade de reescrever a história só de um lado, esquecendo também o lado negativo dos que apoiaram os guerrilheiros e queriam repaginar sua história e não contar a história verdadeira (Folha de São Paulo – 28/01/2011).

195. Em outro artigo "O terrorismo oficial de Bush" (Folha de São Paulo, Opinião p. A3, 09/04/2003), mostrei que quem está disposto a dar a vida por uma causa, mesmo que desvairada, não pode ser combatido apenas com a mera repressão. Esta é sempre insuficiente e gera mais reação.

A busca de informação prévia[196] e o monitoramento dos que se radicalizam são fundamentais, mas, enquanto um diálogo real e o respeito às divergências não for o objeto primeiro da convivência, a guerra das culturas diferentes só tenderá a crescer, com letalidade cada vez maior, mesmo que diminua o número de atentados.[197]

2.7. As drogas

O problema das drogas é outro combate da humanidade, em que a batalha está sendo perdida. O enriquecimento fácil e o enfraquecimento de caráter que as drogas provocam nas pessoas que se viciam, fazem do comércio ilegal, deletério, corrosivo e desagregador um dos negócios mais lucrativos da atualidade, sobre gerar clima de confronto com o Estado e de corrupção das forças policiais encarregadas de combatê-lo.

O flagelo maior, todavia, nesta luta, é a perda do referencial de valores, motivo pelo qual, quanto mais se expandem, tanto mais os bons costumes são postos em xeque.[198]

2.8. A informática

Chego ao ponto crucial no mundo contemporâneo, que é a possibilidade de um colapso global provocado pelo colapso da informática.

John Casti mostra toda a vulnerabilidade do sistema da

---

196. No livro "Guerra e antiguerra", Alvim Toffler procura mostrar que tal guerra só se ganha na base da informação prévia. Quem detiver a informação terá sempre condição de ser bem sucedido na guerra ao terrorismo.

197. O atentado à Universidade do Quênia em 1º de Abril de 2015, em que 147 estudantes foram mortos por radicais islâmicos e 72 feridos, bem demonstra o que afirmo.

198. A tentativa de legalização de determinadas drogas, como a maconha, não me parece a solução. Basta verificar-se o que ocorreu na Holanda em que o consumo de droga legalizada aumentou seu consumo, havendo justo movimento para que a legalização seja abolida.

internet. A velocidade da informação e a conexão permanente entre os diversos sistemas, a multiplicação dos "gênios desestabilizadores", como mostrei em 1996, no "Uma visão do mundo contemporâneo", podem, em algum momento, criar uma pane geral em todo o sistema financeiro, na administração pública, nos transportes, nas atividades militares, nos hospitais, etc. deixando o mundo à deriva.

Já tivemos colapsos parciais. Mubarak desligou todo o sistema de comunicação, via internet, isolando o Egito, pouco antes de cair. Esperava com isto eliminar as convocações pelas redes sociais, o que não conseguiu.

Hoje, circulam pela internet, diariamente, transações financeiras em torno de 10 trilhões de dólares. Todas as operações de navegação aérea são controladas pelo sistema. Um colapso provocado pode gerar o caos geral. Os bancos no Brasil perdem, em virtude de assaltos às suas contas, em torno de um bilhão e meio de reais por ano.[199]

Os sistemas de segurança do Pentágono têm sido atingidos. O endereço de 3.000 generais americanos foram disponibilizados, num único dia, por "hackers".[200]

Tudo a demonstrar como os riscos de colapsos locais, regionais, setoriais podem, um dia, ganhar contorno global, dependendo dos gênios em informação que atuarem, que são cada vez mais numerosos. Neste ponto, os sistemas de segurança estão sempre atrás das novas técnicas de invasões.

Considero esse, talvez, o mais preocupante fator de desestabilização do Planeta.

2.9. Família

A sociedade moderna desfigurou a família. Todos os povos

---

199. Tal informação foi obtida de técnicos especializados no combate ao crime eletrônico financeiro.
200. Estes dados constam do livro de John Casti, "O colapso de tudo".

sempre lhe deram particular importância, por força das religiões ou convicções políticas. A Constituição Brasileira coloca-a como a base da sociedade, merecendo especial proteção do Estado. O constituinte cuidou da família geradora de filhos. Da família que implica alegrias, sacrifícios, amor, dedicação, esforço e trabalho conjunto para educar gerações.[201]

No entanto, a sociedade moderna dá pouco relevo à família. O conceito de "felicidade egoísta e individual" superou o de felicidade com sacrifício para levar adiante sua prole.

O conceito de amor físico e epidérmico supera aquele da responsabilidade, que a criação de uma família implica, de tal maneira que a "família responsabilidade" foi substituída pela "relação de felicidade egoísta, enquanto durar".

Repito: Políbio mostrava que a queda do Império Romano deu-se também por força de as mulheres romanas pretenderem mais gozar a vida do que cuidar de suas famílias, criando uma geração de fracos e irresponsáveis, algo que não havia, nos tempos áureos da República e da "Pax Romana".

As cidades-Estados gregas enfraqueceram-se, quando o sentido de família, embora com características muito peculiares na Grécia, deixou de ser relevante.[202]

A perda de valores familiares termina, nos dias atuais,

---

201. O art. 226 e seus parágrafos 1º a 5º dá bem a demonstração de que cuidaram, os constituintes, da família constituída por um homem e uma mulher:
Art. 226. A família, base da sociedade, tem especial proteção do Estado.
§ 1º - O casamento é civil e gratuita a celebração.
§ 2º - O casamento religioso tem efeito civil, nos termos da lei.
§ 3º - Para efeito da proteção do Estado, é reconhecida a união estável entre o homem e a mulher como entidade familiar, devendo a lei facilitar sua conversão em casamento.
§ 4º - Entende-se, também, como entidade familiar a comunidade formada por qualquer dos pais e seus descendentes.
§ 5º - Os direitos e deveres referentes à sociedade conjugal são exercidos igualmente pelo homem e pela mulher."
202. Fustel de Coulanges em "A cidade antiga", ao cuidar dos costumes gregos e romanos, mostra como o conceito de família foi relevante nas duas sociedades, em seus tempos áureos.

por gerar uma sociedade sem responsabilidades e sem compromissos, senão na realização de projetos pessoais próprios, o que a torna menos solidária, por mais que os textos legais digam o contrário.

E na história, sempre que a família foi desfigurada, as civilizações que tinham florescido desaparecem, como Toynbee mostra, no seu "Um estudo da História".[203]

2.10. Valores

E o último ponto de desafios do século XXI é a perda de valores.

O mundo do século XXI é um mundo em que os governos não vivem valores, embora teorizem-nos. A moralidade é cada vez menor e a realização de projetos de natureza pessoal, a qualquer custo, cada vez maiores. Vivemos a mais hedonista sociedade da história humana e aquela que, por mais que evolua tecnicamente, menos dignidade parece ter.

As grandes civilizações não tisnadas pelo fanatismo, buscam incentivar, naqueles que creem em Deus, o renascimento de valores, com especial papel da Igreja Católica que, desde que perdeu os Estados Pontifícios com Pio IX, só teve Papas Santos.[204]

O confronto com um mundo que vende, em marketing barato, uma vida de facilidades, sem compromissos e autorealizações no sexo e na posse de bens, gera o choque que se percebe, com o canto das sereias do consumo prevalecendo, em grande escala, sobre a grandeza de ideais maiores.

---

203. TOYNBEE, Arnold. *Um estudo da História*. Trad. de Isa Silveira Leal e Manoel Silveira. Ed. Martins Fontes, 1987.

204. Pio IX foi um Papa longevo, que se revoltou contra a tomada de seus Estados por Garibaldi. Ocorre que o fato de passar a Igreja Católica a cuidar apenas de sua função pastoral, seu papel de influenciar o mundo em valores ganhou especial relevância.

Quando esta falta de valores chega à política, então, o desastre é total. Os governos corruptos se sucedem e só têm espaço para usufruí-lo – é a melhor expressão que se pode usar – quem for literalmente desonesto, amoral e desleal.[205]

A lealdade, conquista-se com o dinheiro, a corrupção e a outorga de poder, numa clara busca de nele perpetuar-se, à luz de uma concepção que Rotrou, graficamente, definia, ao dizer que "touts les crimes sont beaux quand te trône est le prix".[206]

Um mundo com a desagregação em que vivemos, com o nível de deterioração estrutural, com sete bilhões de pessoas, está indiscutivelmente doente e sem lideranças à altura. Tal realidade exige uma nova reflexão, que deve ultrapassar as singelas barreiras do Estado clássico, do Direito conhecido e da história narrada até o presente, visto que neste século XXI, estamos à beira da encruzilhada final. O caminho a ser adotado determinará, de uma vez por todas, a sobrevivência ou não da espécie, que teve o "mérito" de levar o mundo à solução colapsial em que se encontra, por força de excesso de tecnicismo, escassez de valores e permanente desrespeito à natureza das coisas.[207]

---

205. O caso de corrupção da Petrobras, o maior escândalo de corrupção do mundo, que devastou as finanças da companhia durante 8 anos, em dois governos Lula e Dilma, é a demonstração de como nossos governantes administram o País.

206. Peça "Infidelidade".

207. Thomas Friedman, no seu segundo livro (FRIEDMAN, Thomas. Op. cit., p. 594-595) declara "Temos exatamente o tempo necessário – a partir de agora" e conclui que temos que aprender que "as nações e indivíduos não podem cultivar os velhos hábitos de destruir os bens mundiais e pensar que o universo gira à nossa volta e não o contrário".

CAPÍTULO III

O ESTADO UNIVERSAL

Os que gostam de ficção científica, certamente, são admiradores de "Star Trek". Stephen Hawking, fã incondicional dos doze longas-metragens e pouco mais de setecentos episódios das cinco séries (Startrek, Next Generation, Deep Space Nine, Voyager e Enterprise), considera-a uma possível e feliz especulação sobre os mistérios do Universo, apresentada com o tom de aventura necessário para os filmes do gênero.[208]

O que mais me impressiona na referida série é que o Planeta Terra solucionou seus grandes problemas de governança. A falta de valores, as disputas internas, a desagregação ambiental e de costumes foram superados. Mas, no encontro com outros povos e outras civilizações do Universo, vão sendo descobertos os mesmos defeitos que o gênero humano teve no passado, até conformar-se num Estado Universal e dirigir outros Estados, na denominada "Federação".

---

208. A nave espacial "Enterprise" na primeira série é comandada pelo Capitão Kirk, na segunda série um novo modelo é capitaneado por Jean Louis Picard, na terceira série uma estação espacial por Benjamin Sisko, na quarta série a Capitão Kathryn Janeway dirige a nave Voyager lançada por um buraco negro a outra extremidade do Universo e na quinta série o Capitão Jonathan Archer é o primeiro comandante da Enterprise, quando ela foi criada.

O ESTADO À LUZ DA HISTÓRIA, DA FILOSOFIA E DO DIREITO

Os problemas que apresentei, neste breve ensaio sobre o Estado, o Direito, a Filosofia e a História, demonstram que soluções pontuais, regionais, parciais são incapazes de equacionar o problema de sobrevivência do homem, no planeta Terra.

Somos nossos maiores inimigos e, se não encontrarmos estruturas suficientes de contenção dos males apontados, dificilmente sobreviveremos como espécie. Destruiremos o mundo, antes.

Por isto, volto à tese de meu livro de 1977, de Estado universal.[209]

ONU, União Europeia, MERCOSUL, as diversas organizações supranacionais e os diversos tratados gerais são sementes de um futuro Estado Universal. Suas soluções, entretanto, são, em grande parte, frágeis, sujeitas sempre a interpretação do mais forte, como ocorre com o Conselho de Segurança da ONU, em que cinco países, com direito a veto permanente, definem o que pode ou não ser discutido, naquele organismo.

A regulação supranacional do Direito para que tais problemas possam ser enfrentados é fundamental. É impossível, todavia, que isto ocorra enquanto cada nação definir o que é bom e o que é mau para o mundo, e não respeitar os valores próprios de cada povo e de sua cultura, em face dos interesses políticos e econômicos terminarem, não poucas vezes, falando mais alto.

Para isto haveria necessidade de formar gerações. Uma das ideias foi apresentada por Artur Law, como já disse, embaixador da Índia, na ONU, de uma Universidade Universal, com escolha de pessoas superdotadas exclusivamente de cada país, para repensarem o futuro do mundo.[210] Tais pessoas selecionadas passariam a pensar em soluções globais, em todas áreas, de acordo com suas aptidões, preparando o mundo

---

209. MARTINS, Ives Gandra da Silva. *O Estado de Direito e o Direito do Estado...* cit.

210. LAW, Artur. Toward a World University, The Great Ideas Today. Chicago: Encyclopaedia Britannica, 1971. p. 40-52.

para o período de transição.

Uma ideia são as escolas de governo. Em qualquer país, para ser médico, engenheiro, advogado, economista ou o que quer que seja, há necessidade de um curso superior. Por que não termos cursos destinados exclusivamente a formação de líderes, buscando afastar as ideologias fantasiosas para a obtenção de soluções pragmáticas e factíveis?[211]

---

211. Escrevi: "Os regimes democráticos expressam a vontade popular, que, todavia, comumente incide sobre pessoas desqualificadas, principalmente quando os melhores, por pundonor, escrúpulos, e muitas vezes, nojo, afastam-se das postulações, em momentos de baixa moralidade governamental.
Parece-nos, portanto, essencial que se preparem escolas de formação dos futuros aspirantes. Verdadeiras Faculdades onde a Política, a História, os problemas de administração, a Economia, o Direito, a Tecnologia e uma série de outras disciplinas sejam ministradas, no nível de um futuro governante. Onde se testem vocações. Onde se verifiquem as capacidades de liderança, força e idoneidade dos estudantes, com o que, ao final do curso fiquem seu estudantes verdadeiramente habilitados à postulação de cargos e à seleção natural que todo o profissional, em qualquer setor, enfrenta na profissão escolhida.
Os militares para estarem habilitados ao seu exercício profissional fazem estudos, os mais variados, num longo e difícil currículo, visando a defesa nacional contra o inimigo externo.
Por que não se adotar um mesmo esquema, com as variantes adequadas à profissão que exercerá, para aquele que pretenda o exercício de cargos eletivos?
As Escolas ou Faculdades – procurariam – independentemente de outras carreiras que cada estudante seguisse, continuando paralelamente seus estudos individuais – formar, em número elevado, profissionais qualificados à postulação dos cargos eletivos.
Todos poderiam concorrer às vagas da Escola. E todos os formados pelas Escolas ou Faculdades Especializadas poderiam postular um cargo eletivo, em eleições, livres, onde o eleitor, com mais tranquilidade, escolheria, entre gente habilitada, aquele que melhor poderia representá-lo.
É evidente que o plano é ambicioso. Sua implantação longa e demorada. Pressuporia a existência de um longo período carencial para os que já militam. Necessitaria ser levado principalmente à juventude, que está ansiosa por formas mais legítimas de luta e de valores. Os seus próprios "escapismos" ou "contestações" nada mais são do que a desesperada tentativa de encontrarem outros valores, que não aqueles em que não mais acreditam. Pressuporia, no início, uma seleção de matérias e de profissionais altamente qualificados para formarem os primeiros corpos docentes, a quem seria entregue missão tão importante. Fizemos, quando, presidente do diretório metropolitano do Partido Libertador em São Paulo uma experiência semelhante, exigindo uma prova vestibular dos postulantes a candidatos à vereança da cidade. O resultado foi surpreendente. Formamos, em 1963, a mais coesa bancada, tendo o partido tido a mais expressiva votação em toda a sua história. E todos os candidatos eram desconhecidos. O resultado deveu-se a ter sido o Partido Libertador o que apresentou candidatos do maior nível nos programas de Televisão (os 60

O ESTADO À LUZ DA HISTÓRIA, DA FILOSOFIA E DO DIREITO

Certa vez, em Coimbra, durante o almoço com minha mulher e Mário Soares, ex-presidente de Portugal – tínhamos, os dois, proferido palestra naquela manhã no curso da Universidade com o Parlamento Europeu – disse-nos ele que o povo "não come ideologias, mas pão", razão pela qual teve que ser pragmático, quando assumiu o governo português.

As ideologias são a corruptela dos ideais e os apegados a elas são tanto mais radicais, quanto mais se afastam da realidade. Por essa razão é que tornam sua imaginação fruto de um mundo da fantasia, sem condições de realização.

Santa Tereza dizia ser a imaginação "a louca da casa". Os ideólogos são os loucos da política.

Não se governa com a ideologia, mas com a realidade.

Arthur Clark,[212] no seu livro "Um planeta distante", cuida de um povo vivendo em um planeta governado exclusivamente por quem não queria governá-lo, pois temia que as ambições daquele que desejasse assumir o poder viessem a levá-lo a deixar de pensar no povo, para pensar na sua manutenção no poder.

Ora, para que haja uma comunidade universal, há necessidade de uma escola democrática, de convivência das teorias não abrangentes, mas fundamentalmente com uma estrutura de Estado "federativo" e "não confederativo", capaz de centralizar decisões e descentralizar ações, com instrumentos

---

postulantes, expressavam-se corretamente nas exposições do horário político). Nenhum dos 13 partidos então concorrentes ofereceu, em média, um nível tão elevado de cultura, serenidade e interesse real pela coisa pública. O deputado Raul Pilla e o Senador Mem de Sá, presidente e vice-presidente do diretório nacional, consideravam excelente a experiência, irrenovável, pela extinção dos partidos políticos com o Ato Institucional nº 2.
É algo, entretanto, fundamental. E necessário como o próprio ar, que a humanidade respira. Da mesma forma que não devemos entregar um doente para ser operado, se não a um médico qualificado, não podemos entregar o poder, se não a um homem público qualificado" (MARTINS, Ives Gandra da Silva. *O Estado de Direito e o Direito do Estado...* cit. p. 69-71).

212. Arthur Clark, ao lado de Isaac Asimov, foram os dois maiores autores de "Science Fiction" do Século XX.

jurídicos pertinentes para enfrentar os desafios de sobrevivência lá enumerados.

O Estado nacional clássico deixaria de existir para a criação do Estado universal, embora as culturas de cada povo fossem preservadas, assim como seus valores, religião, costumes e crenças.[213]

---

213. Escrevi: "3. O Estado Universal. A longo prazo, o mundo deverá compreender que somos um planeta navegando, no espaço, em busca da sobrevivência de seu principal habitante, que é o homem. As guerras, se não o levarem à destruição, serão substituídas por uma guerra maior, que é a de fazer a população mundial não perecer.
Por esta razão, a longo prazo, a batalha da sobrevivência do homem apenas poderá ser cuidada com o estabelecimento de um Estado Universal.
O mundo não está, no presente, preparado para seu nascimento. As pioneiras sementes não conseguiram ainda passar de um estado embrionário, seja no plano político (Sociedade das Nações, ONU, OEA), seja no plano econômico (MEC, ALALC, etc.). Essas sementes, todavia, estão na essência da continuação do homem. Se o homem não encontra um consenso universal para se autodirigir e teimar nas escaramuças dos regionalismos, estará fadado ao suicídio e a transformar a terra num inóspito planeta, nos próximos séculos.
Somente um Estado Universal poderá, num futuro distante, superar, o problema, com as nações atuais servindo de Estados Federados, à semelhança dos países federativos, e o Estado Universal representando o poder central.
O mundo do fim do século XX vê a falência das ideologias. O sistema oriental está completamente desestruturado, em termos ideológicos, numa desestimulante visão de um marxismo, que se digladia internamente, sem solução. O mesmo se pode dizer do capitalismo clássico. Tais concepções são agonizantes.
As tentativas futuras, quaisquer que sejam, representarão a sepultura das divergências ideológicas para o estudo das concepções de liberdade do ser humano garantidas pelos direitos naturais do Estado, com dignidade e respeito mútuos.
Somente, numa visão universal do Poder destinado a todos os homens de todas as raças, credos e países, poder-se-á obter o engajamento numa luta sobrevivencial, que um Estado Universal conduziria para que os esforços no planeta nem se desgastassem inutilmente, nem fossem orientados para a sua destruição.
Parece-nos que a paz é um desejo universal de todos os países e governos, que se preparam, todavia, para a guerra como forma de defesa das agressões externas alimentadas pelos mais variados elementos e fatores.
O Estado Universal, com poder coercitivo, seria a única forma de garantir, desde que criado, uma evolução natural, onde as democracias de acesso permitiriam a transição, através dos seus especialistas supranacionais lotados nos Ministérios de Ciência e do Futuro de cada nação.
As enormes dificuldades, que a sua implantação acarretaria, não justificaria o afastamento do exame de sua viabilidade, eis que, sem ele, a segurança mundial é nula, pois sujeita ao bom senso de todos os governos com artefatos nucleares, em todos os momentos. E o que a história tem demonstrado é que, mesmo as nações mais evoluídas podem, em determinados períodos, deixar de ter homens de bom senso.

Sua criação pode, hoje, parecer mais uma reflexão de "ficção científica". O certo, todavia, é que os problemas enunciados não são problemas fictícios e a capacidade de corrigir a crise do mundo atual está a exigir novos métodos, novas soluções.

A proposta pode não ser a ideal, mas que algo deve ser pensado, não há dúvida. Caso contrário, assistiremos afundar, como o comandante do "Titanic", "o senhor dos mares", sem nada podermos fazer.

Há momentos, na história da humanidade, que algumas cabeças salvam sua época.

Thomas Merton, no seu livro "Sementes de Contemplação", mostra que, um ou dois nomes de grande envergadura, em cada século, são capazes de salvar aquele século.

Em outro livro, "Sementes de Destruição", mostra como os intelectuais negros americanos estavam procurando mostrar aos brancos que não queriam apenas ter os mesmos direitos que eles, mas, ao contrário, mostrar que, juntos, brancos e negros, poderiam fazer o mundo melhor do que era aquele em que viviam. Por este ideal, Martin Luther King foi morto.[214]

Estamos no limiar de uma nova era de dificuldades e de contradições. As lições da História, até hoje, não foram aprendidas pelos que lideram o mundo atual. Mas algo pode ser feito, para que possam mudar o curso da História, que se continuar, nos mesmos padrões, será inexorável na dizimação da

---

A dolorosa lição que um Hitler representou só poderá ter sido a última, se algo se sobrepuser aos poderes regionais exercidos sem controle.
A conscientização de que, a longo prazo, o Estado Universal esteja no centro da própria sobrevivência do homem e o estudo da sua viabilização são matérias que ficariam a cargo dos Ministérios de Ciência e do Futuro de cada país" (O Estado de Direito e o Direito do Estado, Ed. Bushatsky, 1977 e Lex-Magister, 2006, São Paulo, p. 73-74).

214. Thomas Merton foi religioso, cujo centenário comemorou-se no ano de 2014.

espécie humana, por sua pouca visão de "realidade real".[215]

Eram estas as considerações para este breve estudo, escrito em 15 dias de férias, no mês de janeiro, em minha pequena casa de campo de Jaguariúna, alguns dias antes de completar 80 anos.

Faço-as como reflexão final do que tenho pensado sobre o mundo, sobre a vida, na certeza de que o jurista deve ser também historiador e filósofo. Só assim pode influenciar corretamente as decisões daqueles que galgam o poder, na maioria das vezes, com o único intento de detê-lo e de comandar.

O mundo ainda pode ser salvo neste século, mas precisaríamos ter aquele espírito de um filme francês de 1954, intitulado *"Si tous les gars du monde"*, em que uma cadeia de solidariedade permitiu que pescadores fossem salvos no Mar do Norte, por meio de rádio-amadores, de uma intoxicação alimentar que os levaria a morte.[216] Se todos nós, com responsabilidade, percebermos que o desafio é final e que a batalha que se avizinha é decisiva, talvez o instinto de sobrevivência permita que soluções inteligentes sejam tomadas, repensando o egoísmo do poder pela necessidade de servir. Só o tempo dirá, tempo este que, na velocidade dos acontecimentos atuais, torna-se de mais em mais escasso para superar esta realidade.

Dizia, em meu livro "Desenvolvimento Econômico e Segurança Nacional – Teoria do Limite Crítico" que o homem é um ser pacífico, que nunca viveu em paz. Os detentores do poder nunca o permitiram. A sobrevivência da espécie, todavia, está a exigir, até o fim deste século, que o poder seja

---

215. Parte dos problemas mostrei no livro "A era das contradições", recém editado pela Livraria Resistencia Cultural, 2013.

216. O filme produzido em 1954 buscou mostrar que apesar da guerra fria, quando a humanidade está em jogo, russos e americanos se unem para salvar os pescadores franceses. Um maometano, único não intoxicado no barco, foi quem se lançou em mar para pegar os medicamentos lançados de um avião sueco, e ministrá-los aos seus onze companheiros, que sempre tiveram preconceito racial contra ele.

voltado a servir, não mais apenas ao próximo, mas a própria sobrevivência da espécie.[217]

---

217. Para concluir as notas de rodapé, ao examinar a interpretação do direito, não posso deixar de lembrar aos leitores percuciente alerta do Professor Paulo de Barros Carvalho:
"Quer isto exprimir, por outros torneios, que a única forma de se entender o fenômeno jurídico, conclusivamente, é analisando-o como um sistema, visualizado no entrelaçamento vertical e horizontal dos inumeráveis preconceitos, que se congregam e se aglutinam para disciplinar o comportamento do ser humano, no convívio com seus semelhantes. O texto escrito, na singela expressão de seus símbolos, não pode ser mais que a porta de entrada para o processo de apreensão da vontade da lei, jamais confundida com a intenção do legislador. Sem nos darmos conta, adentramos à análise do sistema normativo sob o enfoque semioticista, recortando, como toda análise mais séria pede, a realidade jurídica em seus diferentes campos cognoscitivos: sintático, semântico e pragmático" (CARVALHO, Paulo de Barros. *Direito tributário e a constituição*. São Paulo: Quartier Latin, 2012. p. 703).

REFERÊNCIAS BIBLIOGRÁFICAS

ALFVÉN, Hannes. *Origem e evolução do universo*. Rio de Janeiro: Salvat Editora do Brasil, 1979.

AMARAL, Antonio Carlos Rodrigues do; VELLOSO, Carlos Mário da Silva; ROSAS, Roberto Rosas. *Princípios constitucionais fundamentais*. Estudos em homenagem ao prof. Ives Gandra da Silva Martins. São Paulo: Lex Editora, 2005.

ARISTÓTELES. *Ética a Nicômacos*. Tradução do grego, introdução e notas de Mário da Gama Kury. Brasília: Editora da UnB, 1985.

_____. Livro em Português (Brasil). Coleção: Os pensadores IV. São Paulo: Abril Cultural, 1973.

BALEEIRO, Aliomar. *Uma introdução à ciência das finanças*. Rio de Janeiro: Forense, 1969.

BAUAB, José D'Amico (Org.). *Paulistânia Eleitoral – Ensaios, Memórias, Imagens*. São Paulo: Edição do TRE, 2011.

BELTRÃO, Maria. *Le peuplement de l'Amérique du Sud, Essai d'archéogéologie – Une approche interdisciplinaire*. Paris: Riveneuve Editions, 2008.

BOMFIM, Paulo. *História de São Paulo*. São Paulo: LTR, 2003.

_____. *Caderno de direito econômico nº. 2*. Belém: Editora CEEU/CEJUP, 1986.

CAMPOS, Roberto. *Ensaios imprudentes*. Rio de janeiro: Record, 1986.

CANOTILHO, José Joaquim Gomes. *Direito constitucional e teoria da constituição*. 3. ed. Coimbra: Almedina, 1999.

CARVALHO, Paulo de Barros. *Direito tributário e a constituição*. São Paulo: Quartier Latin, 2012.

CASSIN, René. *Human rights since 1945:* an appraisal. The great ideas today. Chicago: Encyclopaedia Britannica, 1971.

CASTI, John. *O colapso de tudo*. Os eventos extremos que podem destruir a civilização a qualquer momento. Rio de Janeiro: Intrínseca, 2012.

CASTRO, Paulo Rabello de. *A crise financeira internacional*. São Paulo: Lex Editora, 2010.

CÓDIGO DE HAMMURABI. Edición preparada por Federico Lara Peinado. Espanha (Madrid): Editora Nacional, 1982.

COULANGES, Fustel de. *A cidade antiga*: Estudo sobre o culto, o direito e instituições da Grécia e de Roma. 2 vs. 7. ed. Lisboa: Livraria Clássica Editora, 1950.

DOEBLIN, Alfred. *O pensamento vivo de confúcio*. São Paulo: Livraria Martins Editora, 1940.

D'ORS, Álvaro. *Derecho privado romano*. Pamplona: EUNSA, 1983.

DRUMMOND, Aristóteles (Org.). *O homem mais lúcido do Brasil*. As melhores frases de Roberto Campos. São Luís: Resistência Cultural, 2013.

DURANT, Will. *A história da civilização I*. Nossa herança oriental. 2. ed. Rio de Janeiro: Record, 1963.

Encyclopaedia Britannica. 30 vs. Chicago: The Great Books, 1980.

FERREIRA FILHO, Manoel Gonçalves. *Comentários à constituição brasileira de 1988*. v. 2. São Paulo: Saraiva, 1999.

FRIEDMAN, Thomas. *Quente, plano e lotado*. Rio de Janeiro: Objetiva, 2006.

GOWLETT, John. *Arqueologia das primeiras culturas*. A alvorada da humanidade. Coleção Grandes Civilizações do Passado. Barcelona: Ediciones Folio, 2007.

GONZAGA, Tomás Antonio. *Tratado de direito natural*. São Paulo: Martins Fontes, 2004.

GRAN *ENCICLOPEDIA RIALP*. t. I, VIII, XV, XIX. GER. Madrid: Ediciones Rialp, 1984.

HART, H. L. A. *The concept of law*. New York/London: Clarendon Law Series/ Oxford University Press, 1961.

HEGEL, G.W.F. *A fenomenologia do espírito*. São Paulo: Victor Civita/ Abril Cultural, 1974.

HERÓDOTOS. *História*. 2. ed. Trad. de Mário da Gama Kury. Brasília: UnB, 1988.

ITO, Hanya. *Essays in public finance*. Tóquio: Science Council of Japan, 1954.

JOUVENEL, Bertrand de. *Du Pouvoir*. Paris: Hachette Litterature, 1972.

KELSEN, Hans. *Teoria geral do direito e do estado*. São Paulo: Martins Fontes, 2000.

KUHN, Helmut. *El estado*. Madrid: Rialp, 1979.

KUJAWSKI, Gilberto de Mello. *O sentido da vida*. Ribeirão Preto: Migalhas, 2014.

LAW, Artur. Toward a World University, The Great Ideas Today. Chicago: Encyclopaedia Britannica, 1971.

LIJPHART, Arend. *Democracies*. New Haven. CN: Yale University Press, 1984.

MALINOWSKI, Bronislaw. *Argonautas do pacífico ocidental:* Um relato do empreendimento e da aventura dos nativos nos arquipélagos da Nova Guiné melanesia. São Paulo: Abril Cultural, 1976.

_____. Livro em Português (Brasil). Coleção: Os pensadores XLIII. São Paulo: Abril Cultural, 1976.

MALUF, Sahid. *Teoria geral do estado*. 21. ed. São Paulo: Saraiva, 1991.

MARIN, Antonio Royo Marin. *Teologia moral para seglares, I, Moral fundamental y especial*. Madrid: Biblioteca de Autores Cristianos, 1986.

MARTINS, Ives Gandra da Silva. *Uma breve teoria sobre o constitucionalismo*. Porto Alegre: LEX/Magister, 2015.

_____. *A nova classe ociosa*. Rio de Janeiro: Forense, 1987.

_____. *O poder*. São Paulo: Saraiva, 1984.

_____. *A queda dos mitos econômicos*. São Paulo: Thomson Pioneira, 2004.

_____. A jurisprudência interpretativa e o ideal de justiça. *Revista da Universidade de Coimbra*. Estudos em homenagem a Antônio de Arruda Ferrer Corrêa, 1989.

_____. O Brasil e o mundo na II Guerra Mundial. Carta Mensal da Confederação Nacional do Comércio n. 712. Rio de Janeiro: CNC, julho 2014.

_____. *O Estado de Direito e o Direito de Estado*. São Paulo: José Bushatshky, 1977.

_____. *O Estado de Direito e o Direito do Estado*. Porto Alegre: Lex/Magister, 2006.

_____. *O Estado de Direito e o Direito do Estado*. 2. ed. São Paulo: Editora Revista dos Tribunais, 2011.

_____. *Uma breve teoria do poder*. 2. ed. São Paulo: Editora Revista dos Tribunais, 2011.

_____. *Uma breve introdução ao Direito*. São Paulo: Editora Revista dos Tribunais, 2011.

_____. *Una breve introducción al derecho*. México: RM Adivisors Ediciones, 2011.

_____. *Uma teoria do tributo*. São Paulo: Quartier Latin, 2005.

_____. *Desenvolvimento econômico e segurança nacional:* Teoria do limite crítico. São Paulo: José Bushatshky, 1971.

_____. *A era das contradições*. São Paulo: Futura, 2000.

_____. *A era das contradições*. Lisboa: Universitária, 2001.

_____. *O caçador caçado*. Ed. Pax & Spes, 2009.

_____. *Uma visão do mundo contemporâneo*. São Paulo: Thomson Pioneira, 1996.

_____. *Uma visão do mundo contemporâneo*. Lisboa: Universitária em Portugal, 1996.

_____. *O viziune asupra lumii contemporane*. Bucaresti: Continente, 2001.

_____. *Roteiro para uma constituição*. Rio de Janeiro: Forense/Academia Internacional de Direito e Economia, 1987.

_____. *Poesia completa*. São Luís: Resistência Cultural, 2014.

_____. *O sistema tributário na constituição*. 6. ed. São Paulo: Saraiva, 2007.

_____. *O custo da Federação*. In Jornal o Estado de São Paulo de 23/01/1992.

_____. *O que é parlamentarismo monárquico*. Coleção Primeiros Passos 270. São Paulo: Editora Brasiliense, 1993.

_____. *Discursos de posse*. São Paulo: Saraiva, 1992.

_____. *História, mãe do futuro: à luz do tempo pretérito, a formação do amanhã*. São Paulo: CIEE/APH, 2004.

_____. *Na imprensa – Coletânea de artigos 1987-2004*. São Paulo: Editora do Brasil, 2005.

_____. *Na Folha de São Paulo – artigos selecionados*. Porto Alegre: Lex/Magister, 2012.

_____. *Exercício da cidadania*. Porto Alegre: Lex/Magister, 2007.

_____. *Discursos de Posse na Academia Brasileira de Filosofia*. São Paulo: CIEE/Cadernos, 2008.

_____. *Liberdade religiosa e economia*. Revista Consulex, n. 418, ano XVIII.

_____; BASTOS, Celso. *Comentários à Constituição do Brasil*. v. 1. São Paulo: Saraiva, 1997.

_____; _____. *Comentários à Constituição do Brasil*. v. 2. 3. ed. São Paulo: Saraiva, 1997.

_____; _____. *Comentários à Constituição do Brasil*. v. 4. 2. ed. t. I. São Paulo: Saraiva, 1999.

_____; _____. *Comentários à Constituição do Brasil*. v. 4. 2. ed. t. III. São Paulo: Saraiva, 1999.

_____; _____. *Comentários à Constituição do Brasil.* v. 7. 2. ed. São Paulo: Saraiva, 2000.

_____; _____. *Comentários à Constituição do Brasil.* v. 5. São Paulo: Saraiva, 2000.

_____; _____. *Comentários à Constituição do Brasil.* v. 4. 3. ed. São Paulo: Saraiva, 2004.

_____; _____. *Caderno de Direito Natural nº 1.* Belém/PA: CEEU/CEJUP, 1985.

_____; _____. *Caderno de Direito Natural nº 2.* Direito à vida. Belém/PA: CEEU/CEJUP, 1987.

_____; _____. Ética no Direito e na Economia. São Paulo: Pioneira/Acad. Internacional de Direito e Economia-AIDE, 1999.

_____; _____; NASCIMENTO, Carlos Valder do. (Coords.). *Tratado de direito constitucional.* v. 1. São Paulo: Saraiva, 2012.

MARTINS FILHO, Ives Gandra. *Manual esquemático de história da filosofia.* São Paulo: LTR, 1997.

_____. *A rebelião das massas.* História como sistema, 1940

MAXIMILIANO, Carlos. *Hermenêutica e aplicação do Direito.* 9. ed. Rio de Janeiro: Forense, 1979.

MCDONALD, Forrest. *Novus Ordo Seclorum – The intellectual Origins of the Constitution.* EUA: University Press of Kansas, 1985.

MONBIOT, George. *How to Stop the Planet From Burning.* London: Penguin, 2006.

MORAES, Alexandre de. *Constituição do Brasil interpretada e legislação constitucional.* 9. ed. São Paulo: Atlas, 2013.

MORE, Thomas. *A utopia.* Coleção livros que mudaram o mundo. v. 7. São Paulo: Folha de São Paulo, 2010.

NOUR, Soraya. *A paz perpétua de Kant*. São Paulo: Martins Fontes, 2004.

PIKETTY, Thomas. *Le capital au Siécle XXI*. Paris: Editions Du Seuil, 2013.

RAMOS, Saulo. *Código da Vida*. São Paulo: Editora Planeta do Brasil, 2007.

RÁO, Vicente. *O Direito e a vida dos direitos*. São Paulo: Editora Revista dos Tribunais, 2004.

RAWLS, John. *Uma Teoria da Justiça*. São Paulo: Martins Fontes, 2000.

REALE, Giovanni. *História da Filosofia Antiga*. v. I. São Paulo: Loyola, 1993.

REALE, Miguel. *O estado democrático de direito e o conflito de ideologias*. São Paulo: Saraiva, 1998.

_____. *Lições preliminares de direito*. São Paulo: José Bushatsky, 1974.

RENÉ, Sédillot. *Le coût de la Terreur, Vérités et Legendes*. Paris: Perrin, 1990.

ROPPS, Daniel. *História da Igreja*. No tempo das Cruzadas e das catedrais. v. 3. São Paulo: Quadrante.

ROSAS, Roberto Rosas; AMARAL, Antonio Carlos Rodrigues do. VELLOSO, Carlos Mário da Silva. *Princípios constitucionais fundamentais*. Estudos em homenagem ao prof. Ives Gandra da Silva Martins. São Paulo: Lex Editora, 2005.

Scientia lvridica. *Revista da Universidade do Minho*. n. 318, t. LVIII, 2009.

TOFFLER, Alvim. *Guerra e antiguerra*. Lisboa: Livros do Brasil, 1994.

TOYNBEE, Arnold. *Um estudo da História*. Trad. de Isa Silveira Leal e Manoel Silveira. Ed. Martins Fontes, 1987.

WHITEHOUSE, Ruth; WILKINS, John. *As origens das civilizações, Arqueologia e história*. Grandes civilizações do passado. Barcelona: Folio, 2007.

VELLOSO, Carlos Mário da Silva; ROSAS, Roberto Rosas; AMARAL, Antonio Carlos Rodrigues do. *Princípios constitucionais fundamentais*. Estudos em homenagem ao prof. Ives Gandra da Silva Martins. São Paulo: Lex Editora, 2005.

VERBO. Enciclopédia Luso-Brasileira de Cultura. 18 v. Lisboa: Editorial Verbo, 1976.

WILHELM, Georg; HEGEL, Friedrich. Livro em Português (Brasil). Coleção: Os pensadores XXX. São Paulo: Editora Abril Cultural, 1974.

Impressão e acabamento
Intergraf Ind. Gráfica Eireli